Ankang Museum:
Selected Masterpieces From
Rubbing Collection

安康博物馆
馆藏拓本精粹 上卷

安康博物馆 编
施昌成 主编

西北大学出版社
·西安·

图书在版编目(CIP)数据

安康博物馆馆藏拓本精粹：上下卷 / 安康博物馆编；施昌成主编. -- 西安：西北大学出版社，2024.8
ISBN 978-7-5604-5302-6

Ⅰ. ①安… Ⅱ. ①安… ②施… Ⅲ. ①石刻—拓本—中国 Ⅳ. ①K877.4

中国国家版本馆CIP数据核字(2023)第252315号

安康博物馆馆藏拓本精粹（上下卷）
ANKANGBOWUGUAN GUANCANGTABEN JINGCUI

安康博物馆 编　施昌成 主编

西北大学出版社出版发行

（西北大学校内　邮编：710069　电话：029-88302590）

http://nwupress.nwu.edu.cn　E-mail: xdpress@nwu.edu.cn

全国新华书店经销　西安奇良海德印刷有限公司印刷

开本：889毫米×1194毫米　1/16　印张：38

2024年8月第1版　2024年8月第1次印刷

字数：353千字

ISBN 978-7-5604-5302-6　定价：369.00元

如有印装质量问题，请与本社联系调换，电话029-88302966。

《安康博物馆馆藏拓本精粹》（上下卷）编辑委员会

主　　任　　施昌成

副 主 任　　陈玉安　王晓洁

委　　员　（以姓氏笔画为序）

马　斌　王晓洁　李　润　沙忠平　来昌浩
吴荣军　陈玉安　杨　梅　赵　琨　施昌成

主　　编　　施昌成

副 主 编　　王晓洁　吴荣军　沙忠平

摄　　影　　刘乃健　王　丁　王潇雅　黄思思

工作人员　（以姓氏笔画为序）

沈英英　陈家苗　杜旭珍
周　杨　姚　琰　党永祯

汇编说明 | INTRODUCTION

安康博物馆藏品数量为 4000 余件（组），种类涵盖陶瓷、金属、砖石、纸质、木雕、金银杂项等。这里有汉水流域新石器时代遗址出土的系列陶器、石器，春秋战国的巴楚青铜器，汉代的随葬器，南北朝的青瓷器、画像砖、铭文砖等。它们是安康古代社会历史发展的见证物，构成了安康地域历史文化的重要特征。巴楚特色文物、汉代生产生活用品、画像铭文砖、私人捐献清代民国书画拓本等占比最高，是馆藏核心，在陕西省地方博物馆馆藏中具有一定影响力。这些馆藏除少部分在基本陈列中对外展出外，大部分庋藏库房，外人难得一见。

长期以来，我们想把重要馆藏品编辑成系列图册，以纸质出版物对外公开发行，便于专家学者研究利用，并以数字化方式将其留存下来。这样既保护了文物，也让收藏于"禁宫"中的文物活了起来。2022 年，我们争取到省级财政文物保护利用项目支持，对特色馆藏如民国拓本册页、画像铭文砖（含旬阳市博物馆馆藏）、南朝文物（含陕西历史博物馆征调）等开展保护利用，愿景遂成。

安康博物馆馆藏拓本册页 260 余件（组）、画像铭文砖（含旬阳市博物馆馆藏）280 余件、南朝文物（含陕西历史博物馆征调）168 件（组），其数量多、序列完整，具有较高的学术价值。对这些藏品进行数字化采集、整理、出版图集，实施文创与展览等综合性保护利用工程，编辑出版图册是主要内容之一。根据内容体量，分别编辑成《安康博物馆馆藏拓本精粹》（上下卷）、《安康南朝文物》、《安康汉魏南北朝画像铭文砖》（上下卷）。项目由陕西中品文化传播有限公司实施，图册由西北大学出版社、三秦出版社分别出版发行。两家出版社在编辑文物历史类图书上具有深厚的历史文化功力，能够赋予文物类图书灵魂。在与张静、何飞燕二位编辑老师交流时，就印证了这一切。她们认为都是一个馆的藏品，又是文物保护图册系列，应该做成丛书出版，这样分量更重、意义更大、效果更好，我们欣然从之。

《安康博物馆馆藏拓本精粹》共收录拓片 170 余件，册页 80 余本，主要是民国时期传拓汉魏隋唐摩崖、墓志石刻拓本，还有宋元以后的名碑拓片。20 世纪五六十年代，安康当地多位士绅将自己收藏的古玩、字画、拓本、册页、瓷器等物捐献给安康地方政府，由当地文化部门收藏传承至今。拓本、册页以宋云石先生捐献为主，其中有汉碑、北魏隋唐墓志铭、汉摩崖造像题记等。

宋云石，安康市汉滨区人，出生于 1889 年，1958 年去世。民国期间曾任陕西军械局局长、陕西参议等职。宋云石平生喜好收藏，多方搜求名家书画、碑帖、瓦当等。除收藏大量书画、法帖外，宋云石于瓦当用力颇多，他收藏的瓦当主要出土于西安、华阴、淳化、宝鸡等地，故为斋室取名"百瓦砚斋"。宋云石将 87 块瓦当以及拓本、册页捐献给安康博物馆收藏。拓本多源自于右任先生"鸳鸯七志斋"藏石。民国年间，于右任先生先后收集了各地出土的汉代至宋代的墓志近 400 余方，其中有洛阳北邙山出土的北魏穆亮及妻尉太妃等七对夫妇墓志。因此，于右任先生将自己的书斋命名为"鸳鸯七志斋"，所藏的碑石称"鸳鸯七志斋藏石"。

《安康南朝文物》共收录南朝文物168件（组），以20世纪80年代在安康长岭、张家坎、解放路中学等地发现的南朝墓葬出土物为主，有陶器、瓷器、金银饰件等文物，陶俑数量多，也最具特色。长岭陶俑出土时比较完整，有仪仗、部曲、徒附、仆侍等。俑高一般在30厘米左右。从陶俑出土时身上可见彩绘残迹推测，陶俑应该是黑发乌靴，粉面赭衣。陶俑整体制作精良、刻画细腻、比例准确、表情丰富、衣饰流动，同类陶俑在南京、南阳、襄阳等地多有出土。据出土文物和墓砖风格判断，这批文物属南北朝时期，填补了陕西南朝文物的空白，目前整体被陕西历史博物馆征藏。

魏晋南北朝时期，国家长期分裂，南北对峙。安康地处秦岭汉水谷地，境内子午古道与汉水谷道在此形成十字交汇，成为古代商贸与人口流动的天然大通道；既是南北政权对峙的前沿阵地，也是不同地域经济文化交流互鉴的主要通道。荆襄、陇西、长安遭遇战乱，其人口流落侨居至此，与当地百姓和平相处。秦巴山区成了那个时期的一方净土，世外桃源。本次收录的具有南朝风格的青瓷器等文物就是实证。

《安康汉魏南北朝画像铭文砖》共收录相关文物280余件（组），以画像、铭文、吉语、纹饰等为主要内容，时间上至东汉，下至魏晋南北朝，集中出土于安康市汉滨区、旬阳市两地。这些画像砖，一部分为清理墓葬时出土，大部分是第二次全国文物普查时采集。

从考古调查看，安康境内沿汉江及其主要支流两岸的丘陵坡地散布着许多东汉魏晋南北朝时期的小型砖券墓。其中的汉代墓葬以单室砖券墓为主，有的墓砖大面饰生活宴饮画像，侧面饰"大好吉""长乐八千万"等吉语，而魏晋南北朝墓葬在沿袭汉代传统葬俗的基础上出现变化，受荆襄地区影响，墓葬营造更偏重南方风格，墓室结构单一，随葬简单的生活用品，部分的陪葬品较多。品秩较高的墓葬一般经过精心设计，墓壁采用"三顺一丁"的砌筑方式，顺砖均模印卷草纹、忍冬纹、几何纹、鱼纹等纹饰，丁砖模印宝瓶插花、持戟武士、徒附、仆侍等，为墓室内营造出"生"的世界。根据受力承重不同，不同位置有不同的用途，建造者对墓葬墓砖位置还进行了编号，便于营造。张家坎墓出土的画像砖上就模印有"大牛""中牛""利牛"等铭文，为全国已发现南朝墓葬中所仅见。

编辑文物图册是一个耗费心力的工作，不仅要对藏品分类甄挑，还要弄清楚每件文物的前世今生，掌握通晓其基本信息，拍照采集时才能准确表现文物的个性特征。从藏品的前期整理、专业描绘到数据测量采集，从拍摄角度到排版式样选择，摄影、责任编辑以及安康博物馆的相关工作人员勠力同心、精益求精，以期至美尽善。丛书付梓，诸君功不唐捐，感谢至深。另，丛书涉及专业面宽，加之编者学力不济，仅以信息汇录，不做解读。以待有志之士，踵事增华。

施昌成

2023年11月16日

目录 | CONTENTS

上卷

第一部分　汉摩崖题刻拓本

民国 拓汉《延平摩崖题刻》拓片	002
民国 拓汉《甘陵相尚博碑》拓片	004
清 拓汉《郭通封度碑记》拓片	006

第二部分　魏晋南北朝墓志拓本

民国 拓晋《张永昌夫妇墓碑》拓片	010
民国 拓晋《张朗墓碑》拓片	012
民国 拓晋《荀岳墓碑》拓片	014
民国 拓北魏《元延明墓志铭》拓片	018
民国 拓北魏《皇甫骥墓志铭》拓片	020
民国 拓北魏《元瞻墓志铭》拓片	024
民国 拓北魏《元钦墓志铭》拓片	026
民国 拓北魏《陆绍墓志铭》拓片	028
民国 拓北魏《王遗女墓志铭》拓片	030
民国 拓北魏《元鸾墓志铭》拓片	032
民国 拓北魏《元始和墓志铭》拓片	034
民国 拓北魏《狄道县令吴琪墓志铭》拓片	036
民国 拓北魏《定州刺史元周安墓志铭》拓片	038
民国 拓北魏《广阳文献王元湛墓志盖》拓片	040
民国 拓北魏《广阳文献王元湛墓志铭》拓片	042
民国 拓北魏《广阳文献王妃王令媛墓志盖》拓片	044
民国 拓北魏《广阳文献王妃王令媛墓志铭》拓片	046
民国 拓北魏《王君墓志盖》拓片	048
民国 拓北魏《王诵墓志铭》拓片	050
民国 拓北魏《王诵妻元氏墓志铭》拓片	052
民国 拓北魏《雍州刺史秦监安墓志铭》拓片	054
民国 拓北魏《元熙墓志铭》拓片	056
民国 拓北魏《文成皇帝嫔耿氏墓志铭》拓片	058
民国 拓北魏《张宁墓志盖》拓片	060
民国 拓北魏《张宁墓志铭》拓片	062
民国 拓北魏《元遥墓志铭》拓片	064
民国 拓北魏《元祐墓志铭》拓片	066
民国 拓北魏《元固墓志铭》拓片	068
民国 拓北魏《杨乾墓志铭》拓片	070
民国 拓北魏《元崇业墓志铭》拓片	072
民国 拓北魏《李超墓志铭》拓片	074
民国 拓北魏《元荣宗墓志铭》拓片	076
民国 拓北魏《元寿安墓志铭》拓片	078
民国 拓北魏《林虑哀王元文墓志铭》拓片	080
民国 拓北魏《穆亮墓志铭》拓片	082
民国 拓北魏《穆亮妻尉太妃墓志铭》拓片	084

民国 拓北魏《张安姬墓志铭》拓片　086	民国 拓北魏《元天穆墓志铭》拓片　132
民国 拓北魏《元定君墓志铭》拓片　088	民国 拓北魏《穆子严墓志铭》拓片　134
民国 拓北魏《孟敬训墓志铭》拓片　090	民国 拓北魏《元昭墓志铭》拓片　136
民国 拓北魏《于纂墓志铭》拓片　092	民国 拓北魏《阳平幽王妃李氏墓志铭》拓片　138
民国 拓北魏《元瓒远墓志铭》拓片　094	民国 拓北魏《元纂墓志铭》拓片　140
民国 拓北魏《元详墓志铭》拓片　096	民国 拓北魏《元怀墓志铭》拓片　142
民国 拓北魏《元显魏墓志铭》拓片　098	民国 拓北魏《元珽墓志盖》拓片　144
民国 拓北魏《宁陵公主墓志铭》拓片　100	民国 拓北魏《元珽墓志铭》拓片　146
民国 拓北魏《元龙墓志铭》拓片　102	民国 拓北魏《元羽墓志铭》拓片　148
民国 拓北魏《元晖墓志铭》拓片　104	民国 拓北魏《于仙姬墓志铭》拓片　150
民国 拓北魏《元玕墓志铭》拓片　106	民国 拓北魏《王僧男墓志铭》拓片　152
民国 拓北魏《冯令华墓志铭》拓片　108	民国 拓北魏《昝双仁墓志铭》拓片　154
民国 拓北魏《元绪墓志铭》拓片　110	民国 拓北魏《李淑真墓志铭》拓片　156
民国 拓北魏《元宝月墓志铭》拓片　112	民国 拓北魏《刘阿素墓志铭》拓片　158
民国 拓北魏《王绍墓志铭》拓片　114	民国 拓北魏《司马升墓志铭》拓片　160
民国 拓北魏《临淮王元彧墓志铭》拓片　116	民国 拓北魏《崔颀墓志铭》拓片　162
民国 拓北魏《司马显姿墓志铭》拓片　118	民国 拓北魏《刘玉墓志铭》拓片　164
民国 拓北魏《元信墓志铭》拓片　120	民国 拓北魏《阳作忠墓志铭》拓片　166
民国 拓北魏《元演墓志铭》拓片　122	民国 拓北魏《刘华仁墓志盖》拓片　168
民国 拓北魏《元虔墓志铭》拓片　124	民国 拓北魏《刘华仁墓志铭》拓片　170
民国 拓北魏《元倪墓志铭》拓片　126	民国 拓北魏《侯夫人墓志铭》拓片　172
民国 拓北魏《元略墓志铭》拓片　128	民国 拓北魏《元引墓志铭》拓片　174
民国 拓北魏《元子直墓志铭》拓片　130	民国 拓北魏《鞠彦云墓志盖》拓片　176

民国 拓北魏《鄯乾墓志铭》拓片	178
民国 拓北魏《石婉墓志铭》拓片	180
民国 拓北魏《元桢墓志铭》拓片	182
民国 拓北魏《元简墓志铭》拓片	184
民国 拓北魏《贾瑾墓志铭》拓片	186
民国 拓南朝宋《刘怀民夫妇墓志铭》拓片	188
民国 拓南朝梁《程子猷墓志铭》拓片	190
清 拓南朝梁《瘗鹤铭》拓片	192
民国 拓东魏《东安王太妃陆顺华墓志铭》拓片	202
民国 拓东魏《刘懿墓志铭》拓片	204
民国 拓东魏《王僧墓志铭》拓片	206
民国 拓北齐《李玉婍墓志铭》拓片	208
民国 拓北周《贺屯植墓志铭》拓片	210
民国 拓北周《巩宾墓志铭》拓片	212
民国 拓北周《姜明墓志铭》拓片	214

第三部分　隋唐墓志拓本

清 拓隋《□长威墓志铭》拓片	218
民国 拓隋《苏慈墓志铭》拓片	220
民国 拓隋《萧玚墓志盖》拓片	222
民国 拓隋《萧玚墓志铭》拓片	224
民国 拓隋《蕲州刺史李君墓志盖》拓片	226

民国 拓隋《李则墓志铭》拓片	228
民国 拓隋《皇甫深墓志铭》拓片	230
民国 拓隋《建州平安郡守谢府君墓志盖》拓片	232
民国 拓隋《董美人墓志铭》拓片	234
民国 拓隋《尉富娘墓志铭》拓片	236
民国 拓隋《张景略墓志铭》拓片	238
民国 拓隋《张盈墓志铭》拓片	240
民国 拓隋《主簿吴君墓志盖》拓片	242
民国 拓唐《韦府君墓志盖》拓片	244
民国 拓唐《李府君墓志盖》拓片	246
民国 拓唐《刘杨氏墓志铭》拓片	248
民国 拓唐《李辅光墓志铭》拓片	250
民国 拓唐《关道爱墓志铭》拓片	252
民国 拓唐《李氏殇女墓志铭》拓片	254
民国 拓唐《马寿墓志铭》拓片	256
民国 拓唐《邛都丞张客墓志铭》拓片	258
清 拓唐《向氏夫人墓志铭》拓片	260
民国 拓唐《新津县丞丘蕴墓志铭》拓片	262
民国 拓唐《杨义妻王氏墓志铭》拓片	264

第四部分　其他拓本

清 拓北宋《米芾焦山题记》拓片	268

清 拓北宋壮观亭别刻本《瘗鹤铭》拓片	270
民国 拓北宋《苏东坡行书横幅》拓片	272
民国 拓南宋岳飞《前出师表》拓片	278
民国 拓南宋岳飞《后出师表》拓片	282
民国 拓清张润《英雄得萃图》拓片	286
民国 拓清陈孝卿《青铜器铭》拓片	292
民国 拓清朱集义《松鹤图》拓片	294
民国 拓清郑板桥《墨竹图》（一）拓片	296
民国 拓清郑板桥《墨竹图》（二）拓片	298
民国 拓清郑板桥《道情》拓片	300
民国 拓清《平利洛河教案碑》拓片	302

下卷

第五部分　册页

民国 拓《泰山残石等合装》拓本册页	306
民国 拓《汉桐柏淮源庙碑》拓本册页	310
民国 拓《汉衡方之碑》拓本册页	314
民国 拓《汉白石神君碑》拓本册页	318
民国 拓《汉石门颂》拓本册页（上下册）	322
民国 拓《汉执金吾武荣碑》拓本册页	332
清 拓《汉开母庙石阙铭碑》拓本册页	338
清 拓《汉司隶校尉鲁峻碑》拓本册页	340
清 拓《汉仓颉庙碑》拓本册页	346
清 拓《汉光和年三公山碑》拓本册页	350
清 拓《汉调者沈君、新丰令沈君神道碑》拓本册页	354
清 拓《汉校官碑》拓本册页	358
清 拓《汉武都太守耿勋碑》拓本册页	360
清 拓《汉韩敕造孔庙礼器碑》拓本册页	362
民国 拓《汉大三公山碑》拓本册页	366
民国 拓《汉泰山都尉孔宙上碑阴》拓本册页	370
民国 拓《汉孟琁残碑》拓本册页	372
民国 拓《旧拓吴禅国山碑》拓本册页	376
清 拓《魏受禅表碑》拓本册页	380
民国 拓《魏受禅表》拓本册页	384
清 拓《魏上尊号碑》拓本册页	388
清 拓《晋任城太守孙夫人碑》拓本册页	392
清 拓《晋刘韬、房宣、荀岳墓志合本》拓本册页	396
清 拓《南乡太守郭休碑》拓本册页	400
民国 拓《魏四寇墓志合本》拓本册页	404
民国 拓《郑文公下碑》拓本册页（上下册）	408
清 拓《魏曹望憘造像》拓本册页	414
清 拓《魏温泉颂》拓本册页	420

清 拓《大魏太昌年樊奴子、天平年洪宝铭、兴合年李氏合邑造像合本》拓本册页	424
清 拓《魏龙山寺造像》拓本册页	428
民国 拓《北魏贾思伯碑》拓本册页	432
民国 拓《北魏郑道昭论经书诗》拓本册页	434
清 拓《旧拓报德寺碑》拓本册页	438
民国 拓《梁瘗鹤铭》拓本册页	444
民国 拓《旧拓智永千字文》拓本册页	448
清 拓《东魏太公吕望表碑》拓本册页	454
清 拓《东魏华山王墓志》拓本册页	458
清 拓《东魏中岳嵩阳寺碑》拓本册页	460
民国 拓《北齐河清三年合邑造像》拓本册页	464
清 拓《北齐风峪〈华严经〉石碑》拓本册页(四卷本)	468
清 拓《齐天保八年造像》拓本册页	476
民国 拓《初拓北齐河清三年碑》拓本册页	480
民国 拓《旧拓北齐临淮王像碑》拓本册页	484
民国 拓《北齐姜元略、董洪达武平五年造像合本》拓本册页	488
民国 拓《初拓云峰山题名十一种》拓本册页	492
民国 拓《初拓云峰山观海童诗》拓本册页	496
清 拓《周张僧妙碑》拓本册页	500
民国 拓《隋残碑》拓本册页	504
清 拓《隋孔义宣灵庙碑》拓本册页	508
民国 拓《隋柱国左光禄大夫弘义明公皇甫府君碑》拓本册页	512
清 拓《唐德阳公碑》拓本册页	516
清 拓《唐张琮碑》拓本册页	518
清 拓《唐右武卫将军乙速孤公碑》拓本册页	520
民国 拓《旧拓幽州昭仁寺碑》拓本册页(二卷本)	524
民国 拓《唐伊阙佛龛碑》拓本册页(二卷本)	532
民国 拓《唐清河长公主碑》拓本册页	538
清 拓《唐英贞武公碑》拓本册页	542
清 拓《唐特进芮定公碑》拓本册页	544
民国 拓《旧拓唐诸亮、段志元碑合本》拓本册页	546
民国 拓《唐李晟神道碑》拓本册页	550
清 拓《大唐中兴颂碑》拓本册页(二卷本)	554
清 拓《旧拓原本温彦博碑》拓本册页	560
清 拓《旧拓纪国陆妃碑》拓本册页	564
清 拓《高王经一卷》等拓本合集册页	566
清 拓《旧拓卫景武公碑》拓本册页	572
民国 拓《旧拓阿史那史碑》拓本册页	576
清 拓《旧拓峿台铭》拓本册页	578
民国 拓《旧拓原版汝帖》拓本册页(四卷本)	582

聞其□□博
□舊人典安
熏若井秦管
下驚人工宮
余思北河□
□紀□鵬
辰月建

安康博物馆馆藏拓本精粹

· 第一部分 汉摩崖题刻拓本

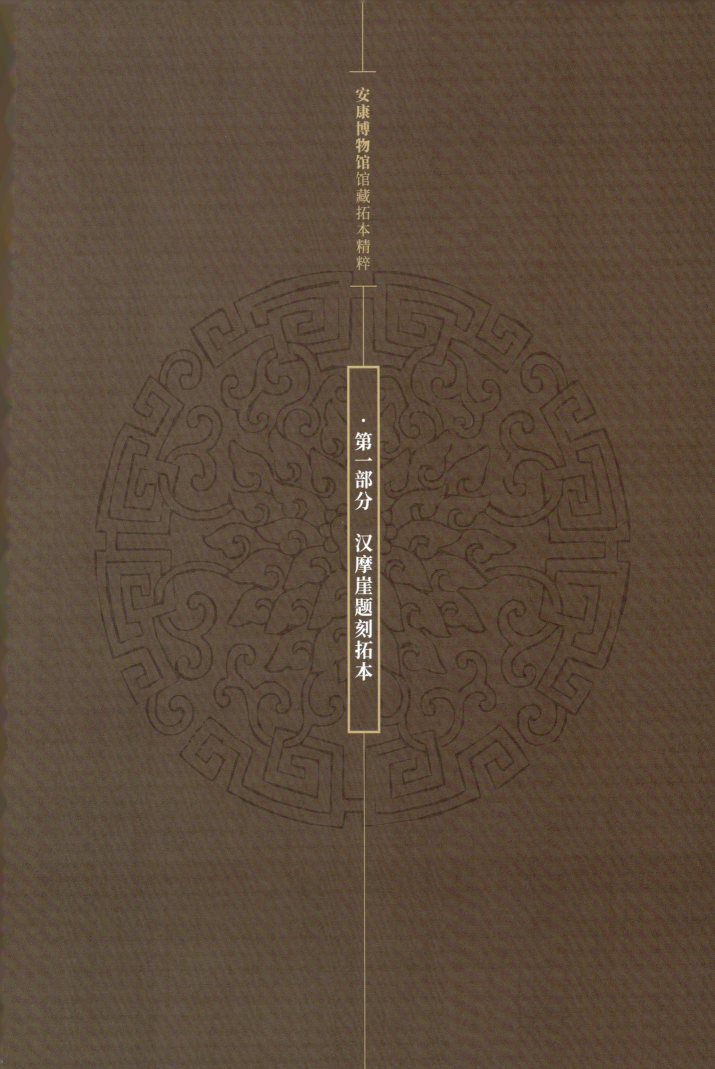

民国 拓汉《延平摩崖题刻》拓片

长68.5厘米　宽43厘米

1953年安康当地士绅捐赠

第一部分 汉摩崖题刻拓本

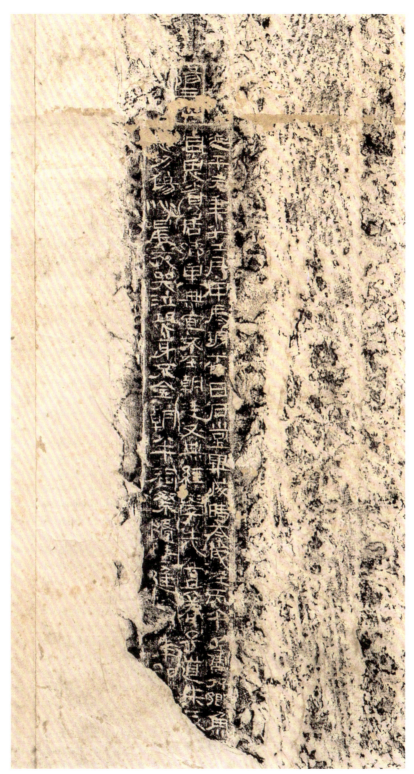

局部

民国 拓汉《甘陵相尚博碑》拓片

长157厘米　宽23.5厘米

1953年安康当地士绅捐赠

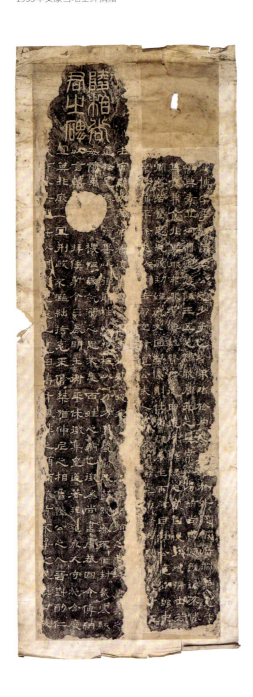

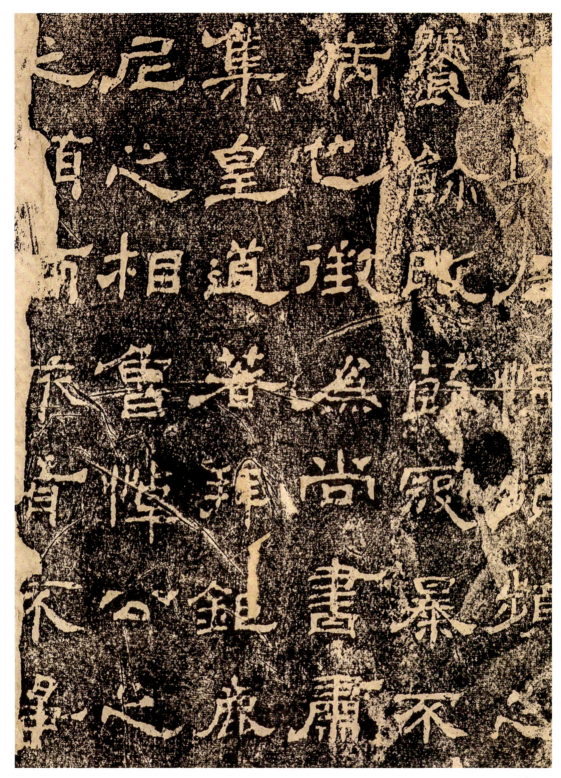

局部

清 拓汉《郭通封度碑记》拓片

长44.8厘米　宽39.3厘米

1953年安康当地士绅捐赠

局部

烈映浦奉妃風史狀西
岳當晈上遂華自螺瞻
之世若慈內於循涓景
亂奉明順執是問而湛
閨時月以恭鴆道獨內
妃之如接謙鵰邃恭
其績昇下外延闈英溫
有鴻漢發秉姒五英明
焉冊婦言禮王礼瑤似
太流德必愿帛既寶
妃芬徽也慕盈融敖

安康博物馆馆藏拓本精粹

· 第二部分　魏晋南北朝墓志拓本

民国 拓晋《张永昌夫妇墓碑》拓片

长26厘米 宽30厘米

1953年安康当地士绅捐赠

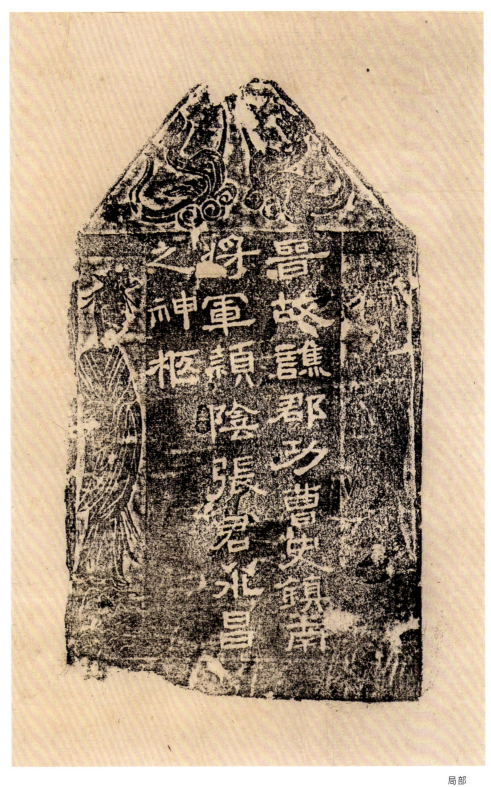

局部

民国 拓晋《张朗墓碑》拓片

长52.2厘米　宽53.2厘米
1953年安康当地士绅捐赠

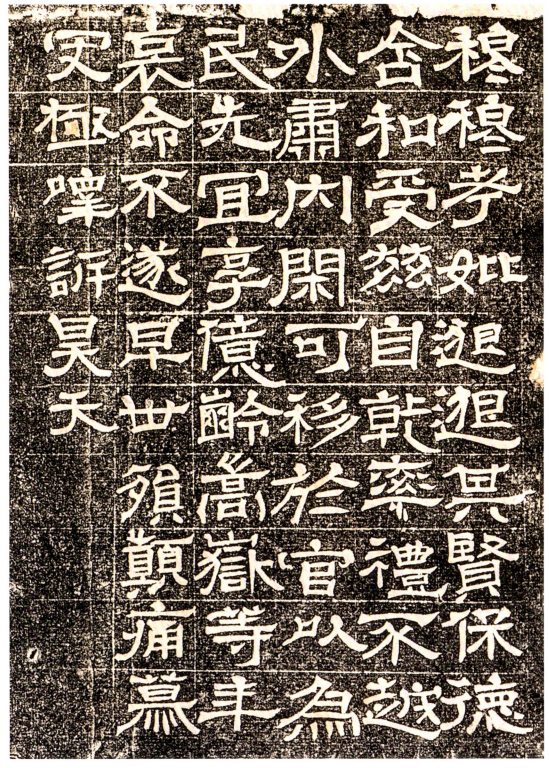

局部

民国 拓晋《荀岳墓碑》拓片

长41.2厘米　宽60厘米
1953年安康当地士绅捐赠

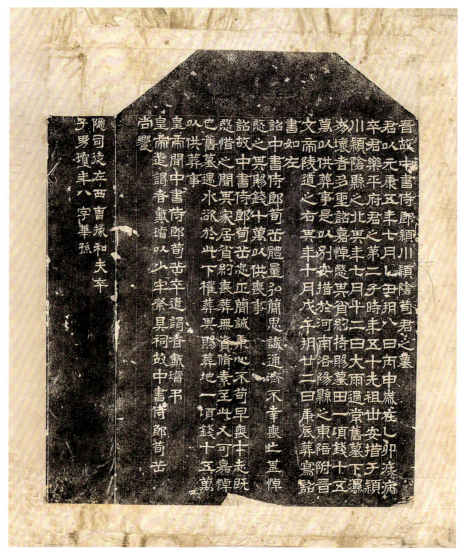

碑阳

局部

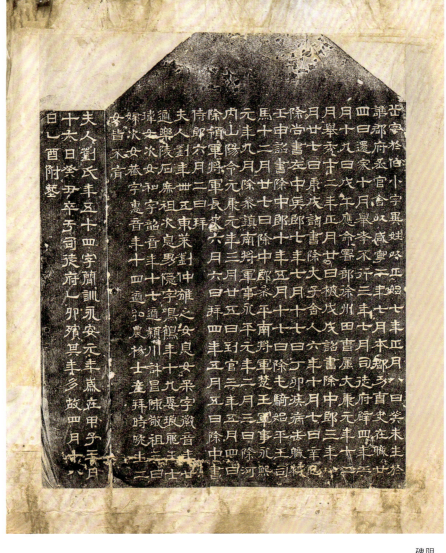

碑阴

局部

民国 拓北魏《元延明墓志铭》拓片

长106厘米　宽84.5厘米

1953年安康当地士绅捐赠

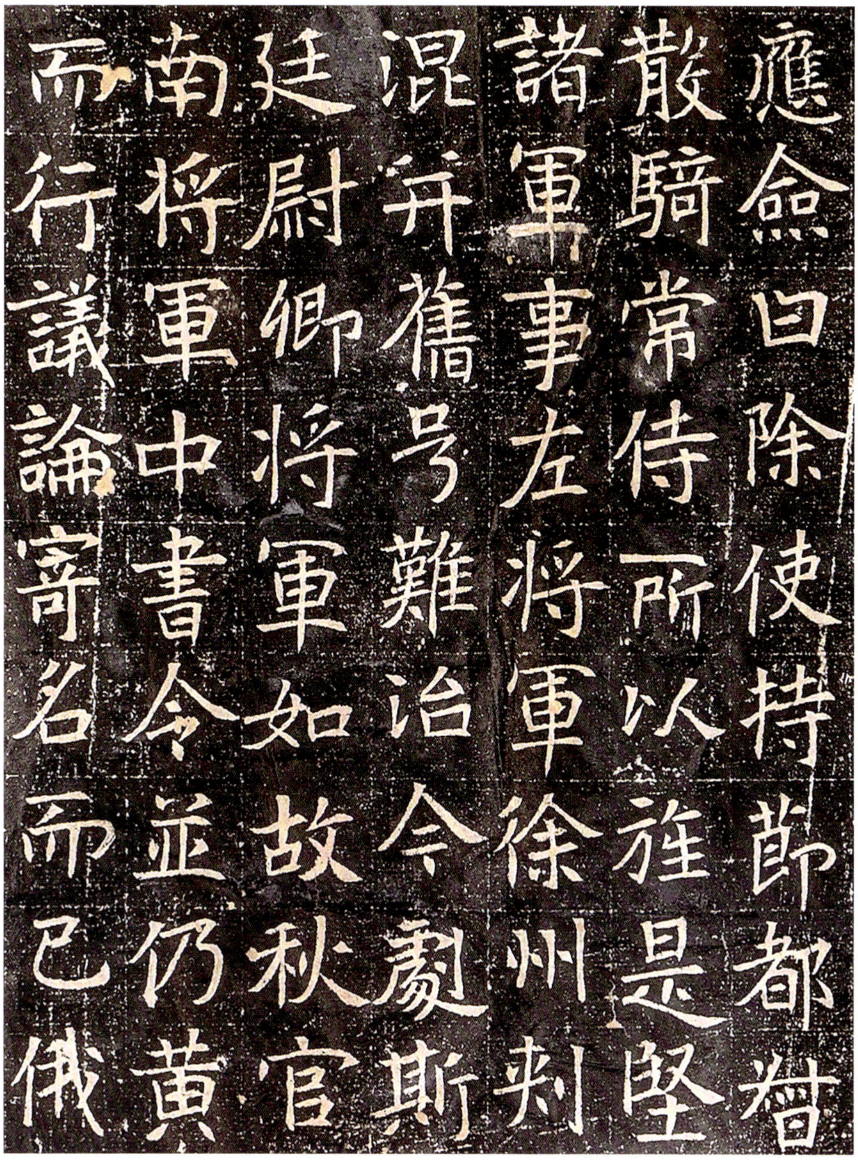

应念曰除使持节都督
散骑常侍所以莅都督
诸军事左将军徐州刺
混开府仪同号难治今徐州刺
廷尉卿将军如治今
南将军中书令并故秋官
所行议论寄名而已俄黄

局部

民国 拓北魏《皇甫驎墓志铭》拓片

长111.8厘米　宽63.5厘米

1953年安康当地士绅捐赠

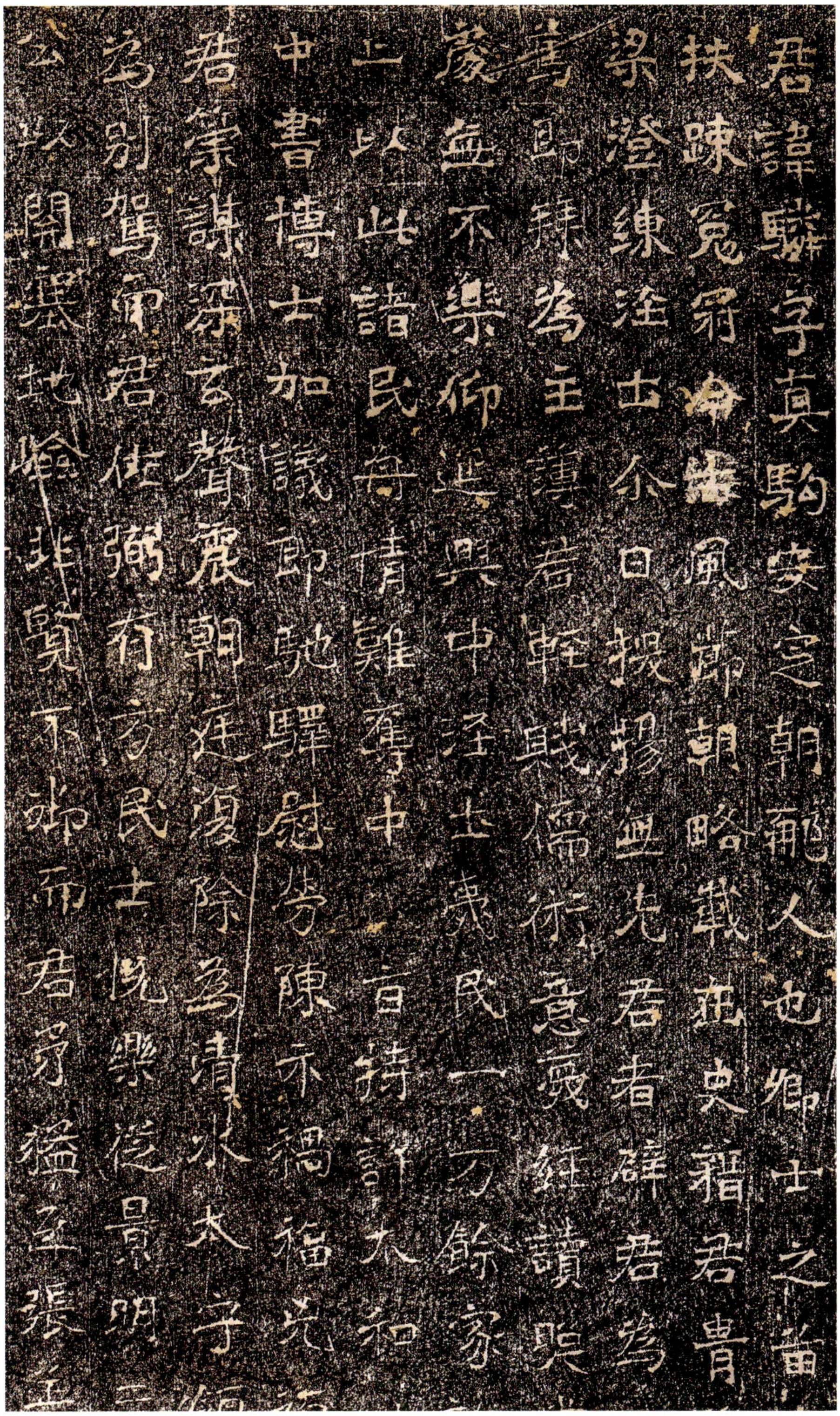

君諱驎字真駒安定朝那人也卿士之苗
扶疎冕冑冷□風節朝略戴延史藉君胄
梁澄練洽士余曰摽揚廼先君者辟君為
慶卹棘為主遵岩輕賤儒術意熹銓讀與
書血不樂仰延與中涇士威民一刀銓家
上即此諸母雖中百持評太和
中以識卽駛奪陳永禍福光
書博士加情驛慰亐
君筭詳玄聲震朝廷復除盈清水太子
為諜彌佐彌有方民士悅樂從昌明
公以別駕帝君嶺北覽不郇而君累
□□開選地□□□□君累猛之張五

局部

局部

局部

民国 拓北魏《元瞻墓志铭》拓片

长82.8厘米　宽82.5厘米

1953年安康当地士绅捐赠

局部

民国 拓北魏《元钦墓志铭》拓片

长85厘米　宽81.5厘米

1953年安康当地士绅捐赠

局部

民国 拓北魏《陆绍墓志铭》拓片

长54厘米　宽52厘米

1953年安康当地士绅捐赠

局部

民国 拓北魏《王遗女墓志铭》拓片

长34.8厘米　宽38厘米
1953年安康当地士绅捐赠

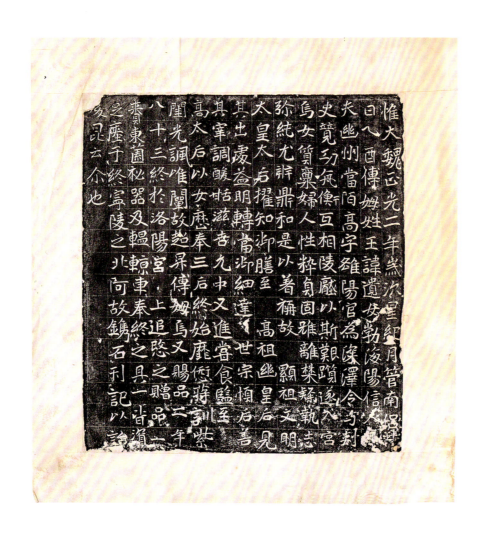

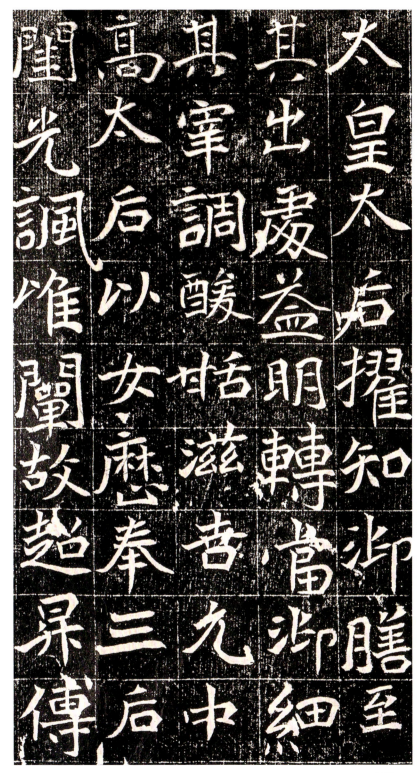

局部

民国 拓北魏《元鸾墓志铭》拓片

长41.5厘米　宽22厘米

1953年安康当地士绅捐赠

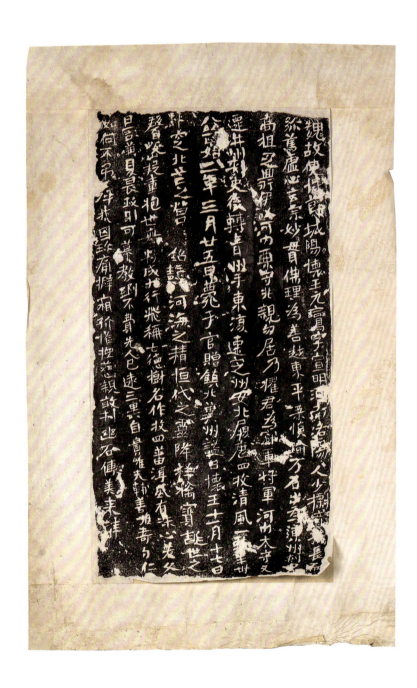

局部

民国 拓北魏《元始和墓志铭》拓片

长40厘米　宽41厘米

1953年安康当地士绅捐赠

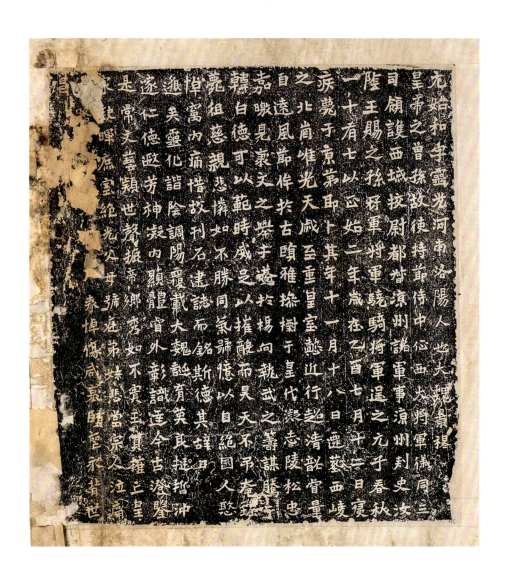

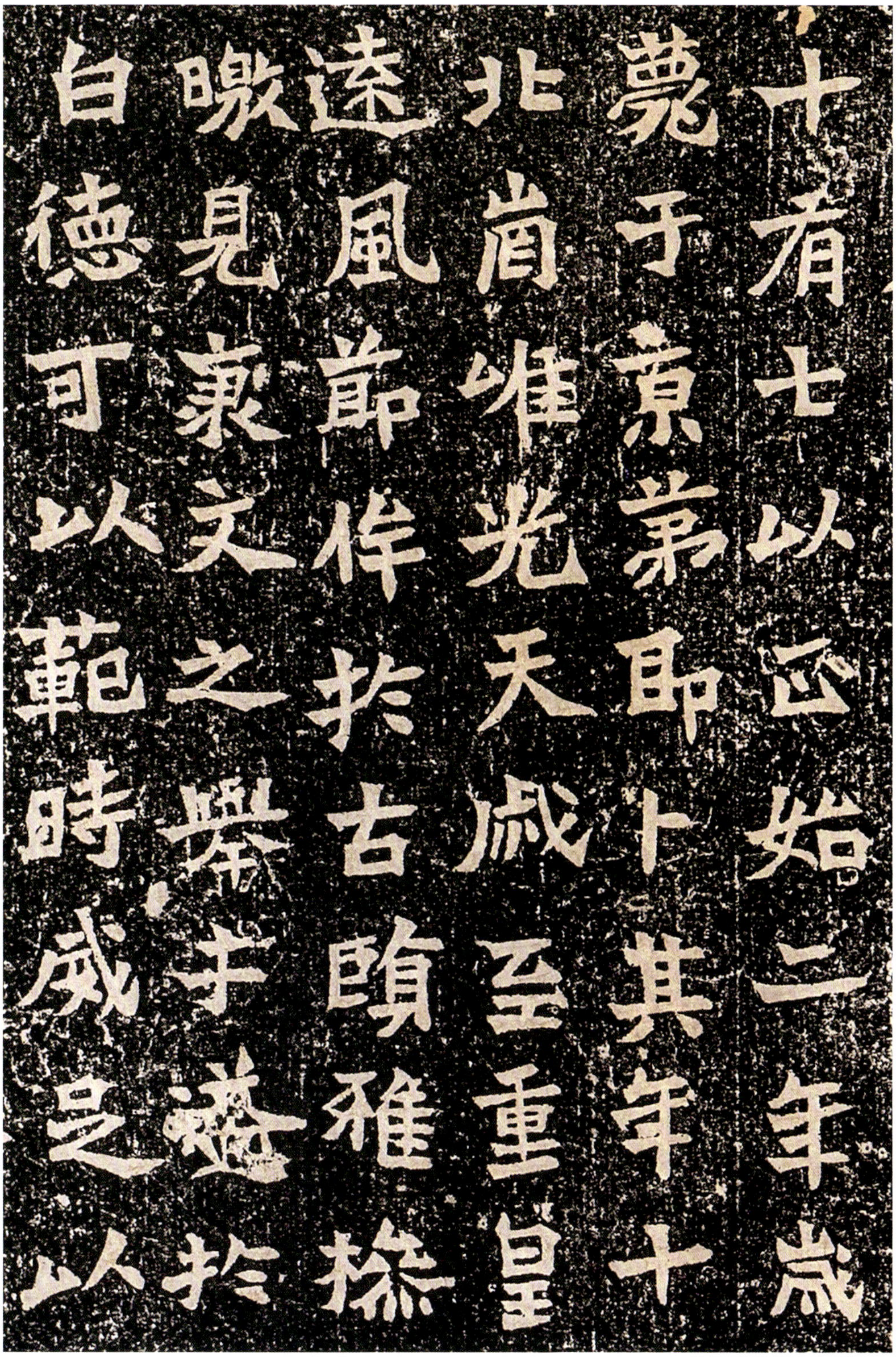

十有七以正始二年岁
觉于京第卜其年十
北岜惟光天咸至重皇
远风节俨於古颓雅桡
曒见 节 襄文之举于遊
白德可以範時咸以

民国 拓北魏《狄道县令吴瑱墓志铭》拓片

长53厘米　宽51厘米

1953年安康当地士绅捐赠

局部

民国 拓北魏《定州刺史元周安墓志铭》拓片

长63厘米　宽54厘米
1953年安康当地士绅捐赠

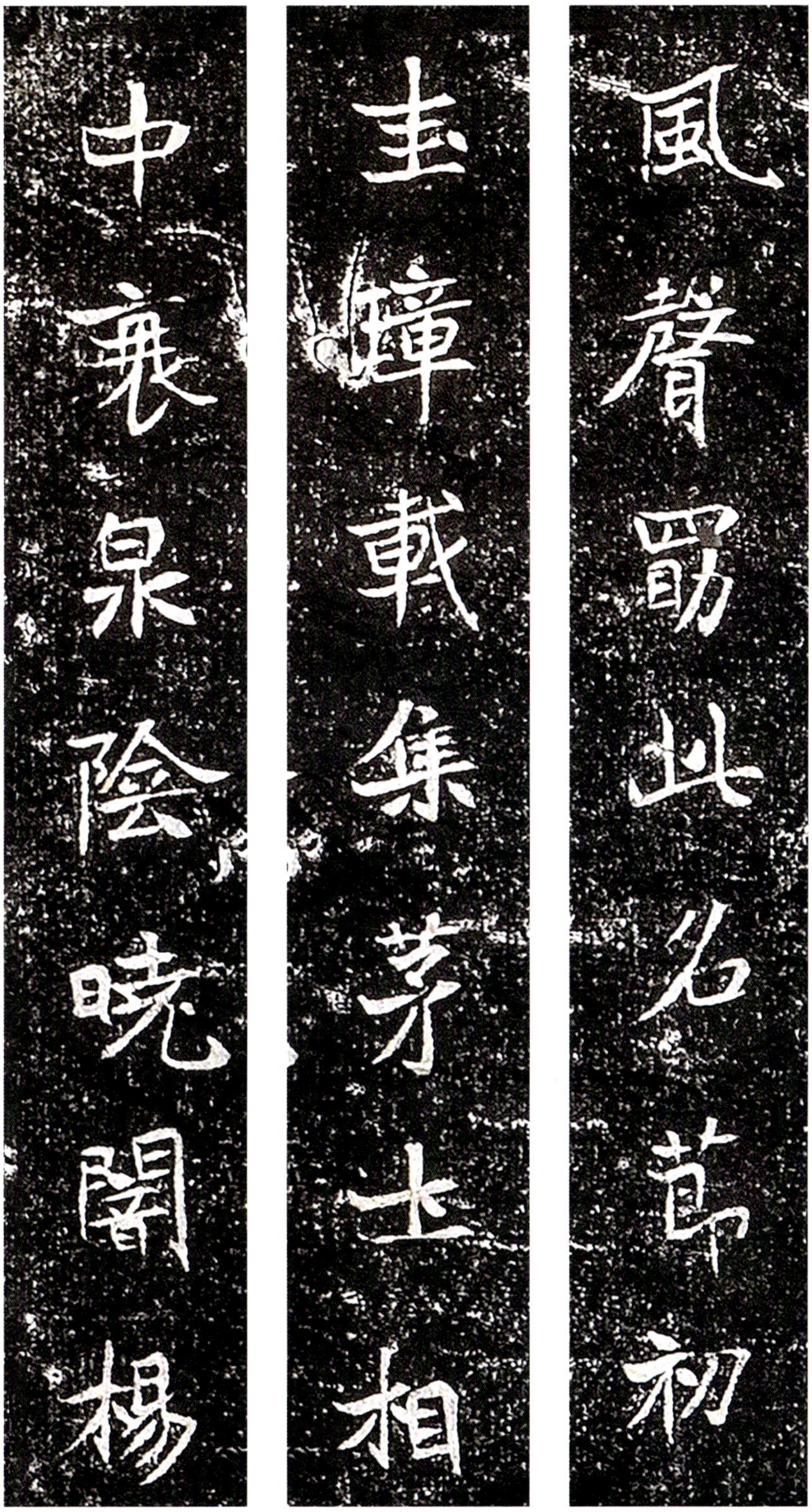

風聲馭此名草初
玉璋載集茅土相
中褰泉陰曉闈楊

局部

民国 拓北魏《广阳文献王元湛墓志盖》拓片

长52.3厘米　宽43厘米

1953年安康当地士绅捐赠

局部

民国 拓北魏《广阳文献王元湛墓志铭》拓片

长71厘米　宽71厘米

1953年安康当地士绅捐赠

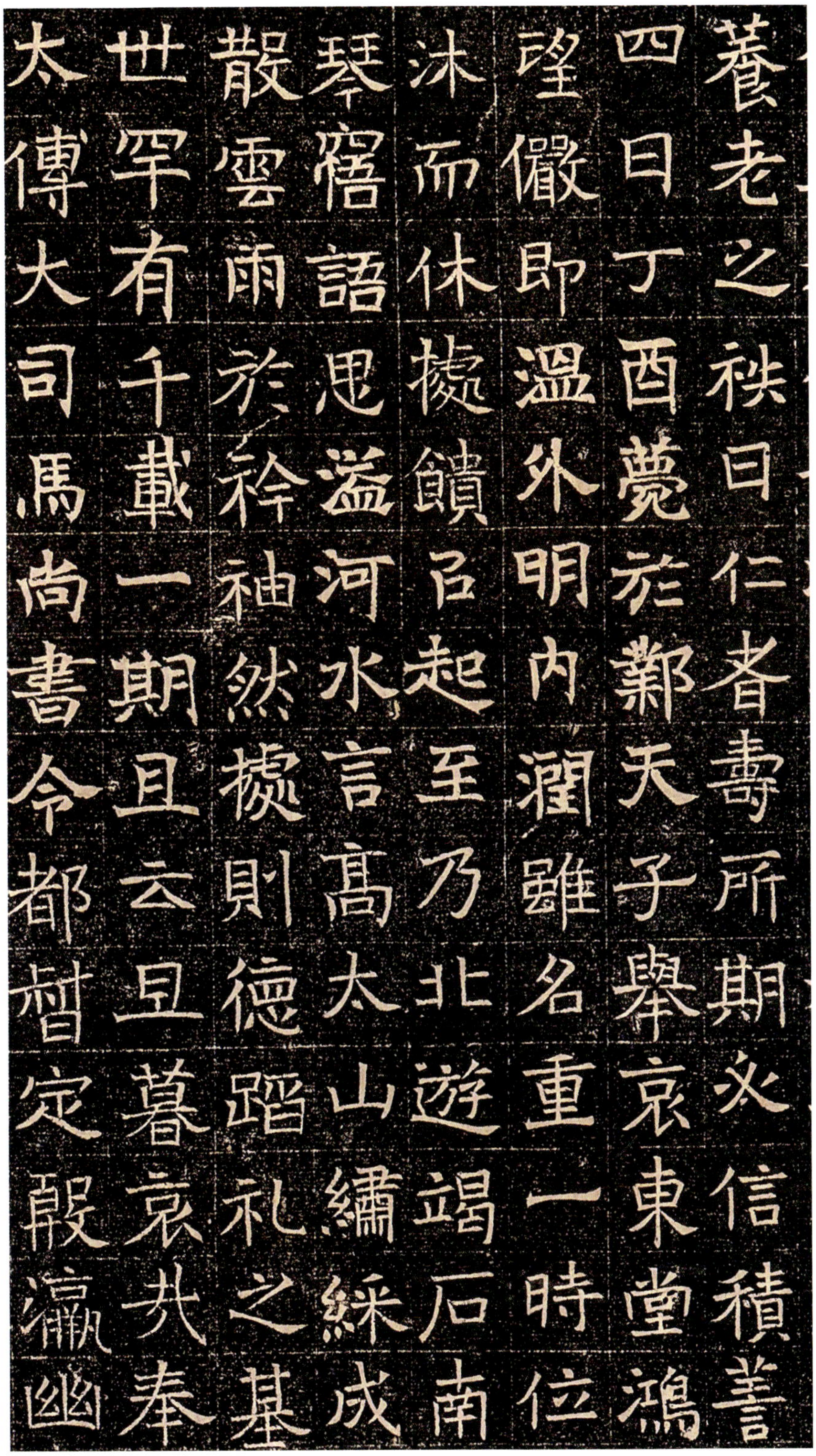

養老之秩曰仁者壽所期必信積善
四日丁酉薨於鄴天子舉哀東堂鴻
瑾儼即溫外明內潤雖名重一時位
沐而休櫬饋呂起至乃北遊謁石南
琴窀語思溢河水然櫬言則高太山繡之綵成
散雲雨於衿袖然櫬言則高德蹈礼之基
世罕有千載一期旦云旦暮哀共奉
太傅大司馬尚書令都督定殷瀛幽

局部

民国 拓北魏《广阳文献王妃王令媛墓志盖》拓片

长53厘米　宽53厘米
1953年安康当地士绅捐赠

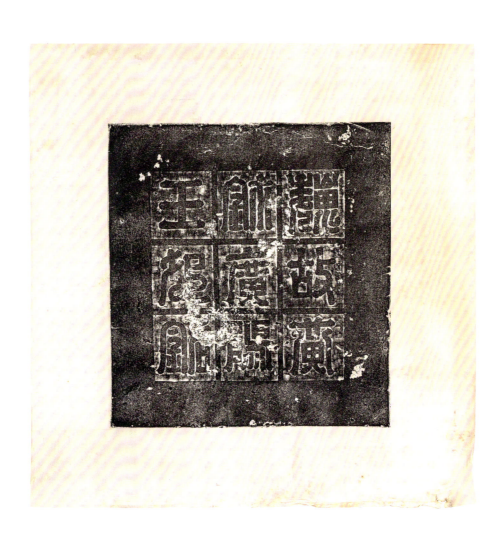

局部

民国 拓北魏《广阳文献王妃王令媛墓志铭》拓片

长40.5厘米　宽40.5厘米

1953年安康当地士绅捐赠

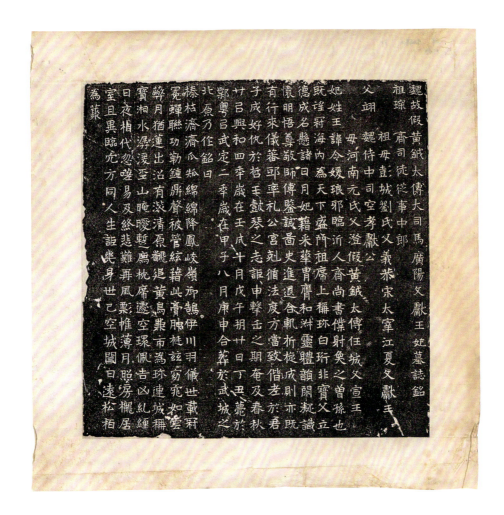

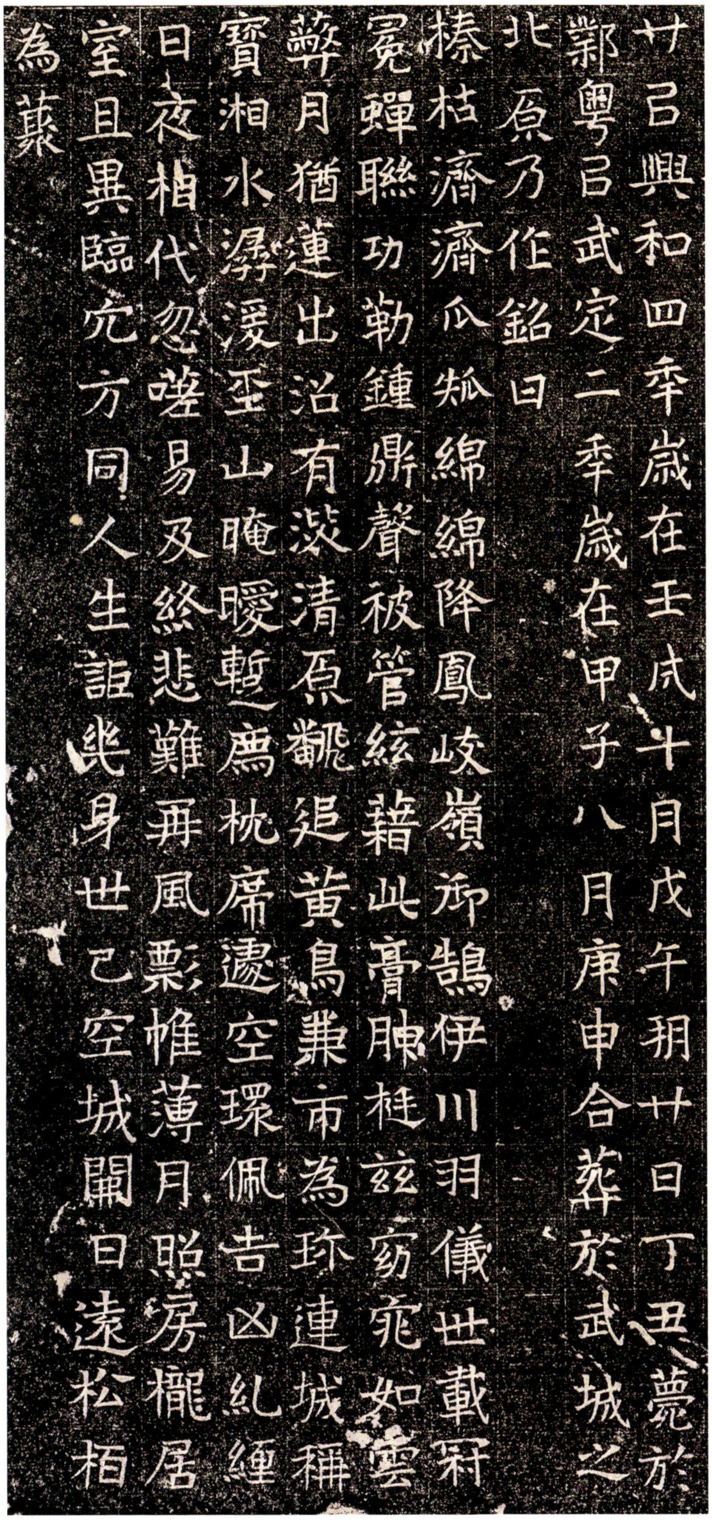

廿日興和四年歲在壬戌十月戊午朔廿日丁丑薨於
鄴粵以武定二年歲在甲子八月庚申合葬於武城之
北原乃作銘曰
榛枯濟濟瓜瓞綿綿降鳳岐嶺御鵠伊川羽儀世載冠冕
蟬聯功勒鍾鼎聲被管絃藉此膏腴窈窕如雲
斃月猶蓮出泚有淡清原顗逞黃鳥兼市為珎連城稱
寶湘水濘溠壅山晻曖暫薦枕席遽空環佩吉凶紀緬
日夜楷代忽嗟易及終悲難再風飄影帷薄月照房櫳居
室且異臨充方同人生詎幾身世已空城閴日遠松栢
為薪

民国 拓北魏《王君墓志盖》拓片

长63.5厘米　宽62厘米

1953年安康当地士绅捐赠

局部

民国 拓北魏《王诵墓志铭》拓片

长63厘米　宽63厘米
1953年安康当地士绅捐赠

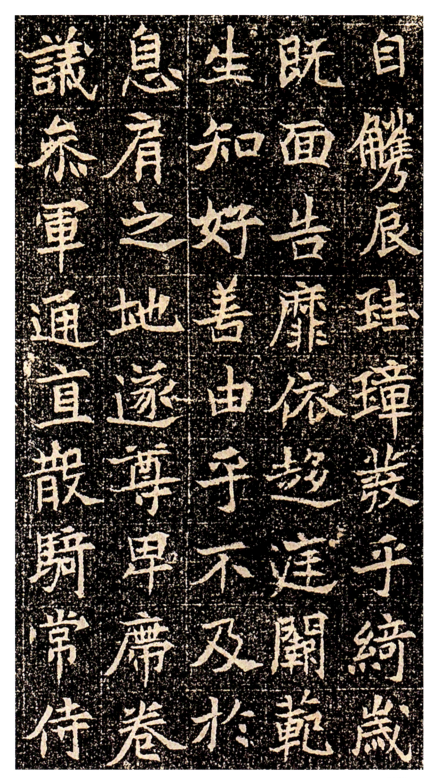

局部

民国 拓北魏《王诵妻元氏墓志铭》拓片

长65.5厘米　宽62.7厘米
1953年安康当地士绅捐赠

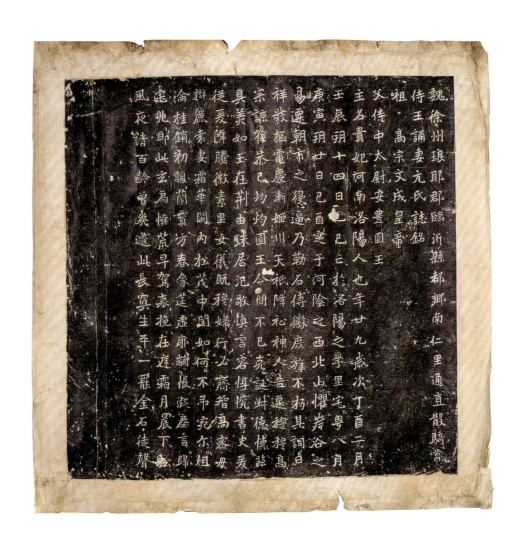

局部

民国 拓北魏《雍州刺史秦监安墓志铭》拓片

长55厘米　宽50厘米

1953年安康当地士绅捐赠

局部

民国 拓北魏《元熙墓志铭》拓片

长90厘米　宽80厘米

1953年安康当地士绅捐赠

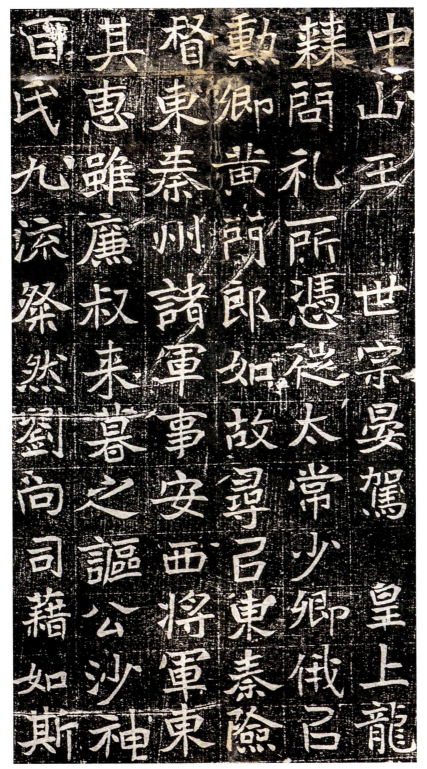

局部

民国 拓北魏《文成皇帝嫔耿氏墓志铭》拓片

长42.5厘米　宽38厘米
1953年安康当地士绅捐赠

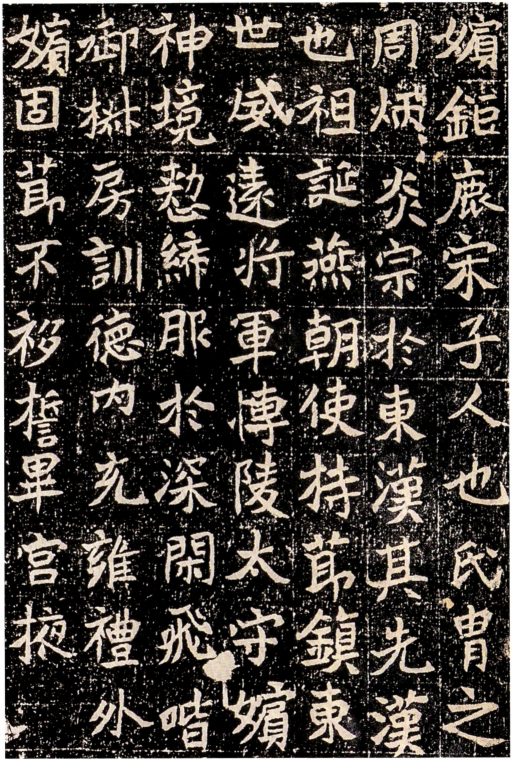

局部

民国 拓北魏《张宁墓志盖》拓片

长45厘米　宽45厘米

1953年安康当地士绅捐赠

局部

民国 拓北魏《张宁墓志铭》拓片

长45厘米　宽45厘米
1953年安康当地士绅捐赠

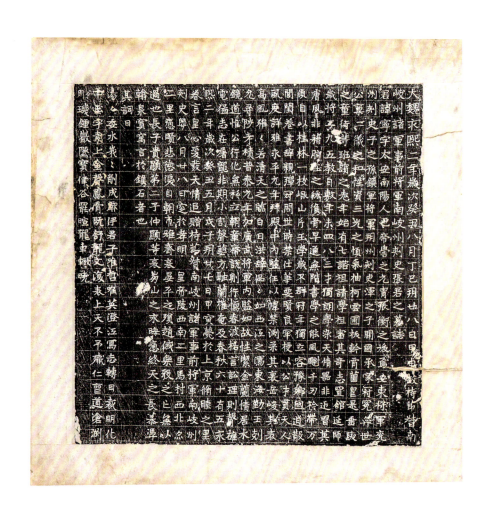

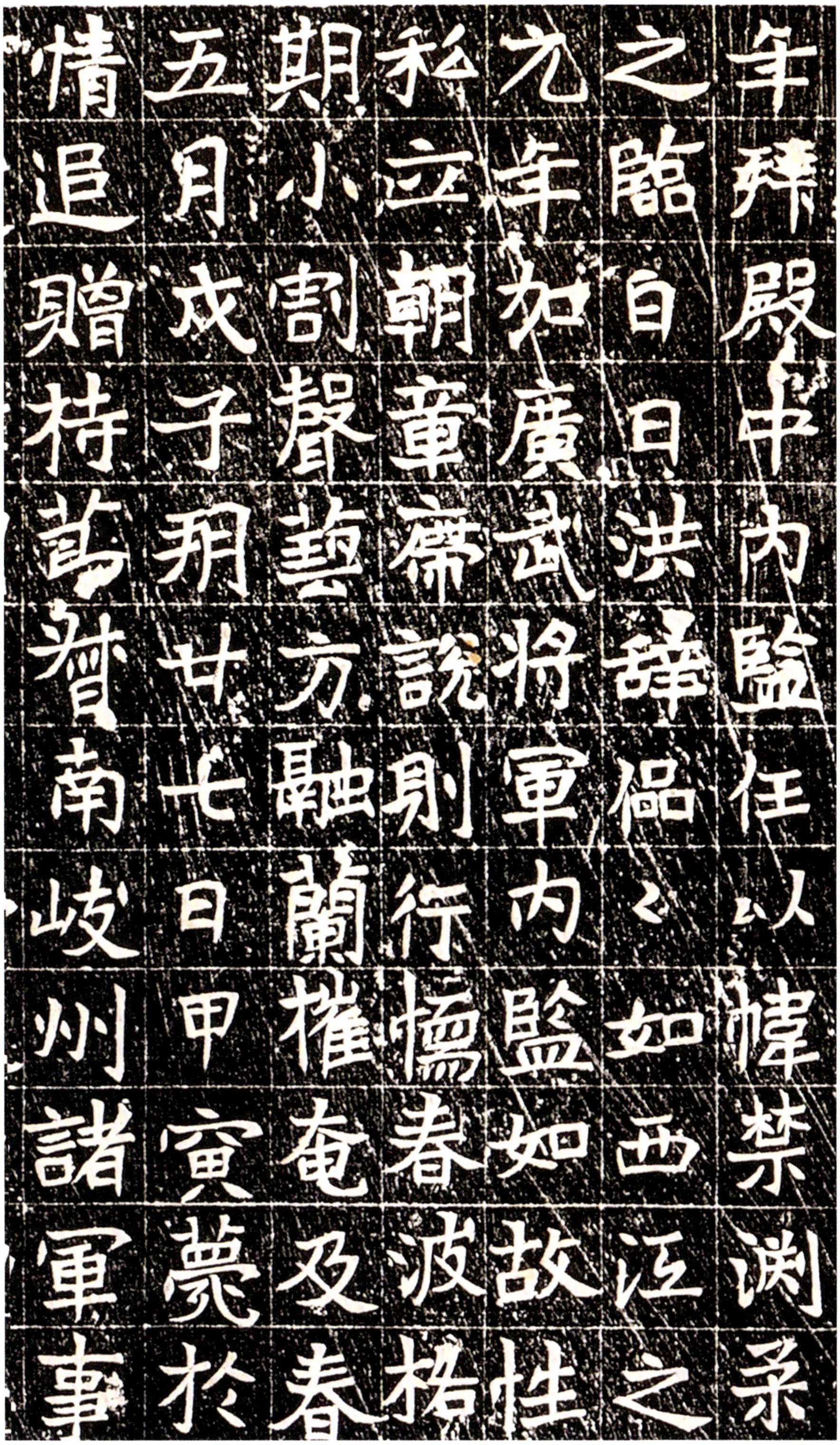

年拜殿中內監任以幃禁淵柔
之臨曰洪辭侶如西汜之
允年如廣武將軍內監如
秋立朝童席說別行愾如故性
期小割聲藝方融蘭權奄春及於
五月小戊子翔廿七日甲寅薨於
情追贈持莭督南岐州諸軍事

局部

民国 拓北魏《元遥墓志铭》拓片

长62.5厘米　宽59厘米
1953年安康当地士绅捐赠

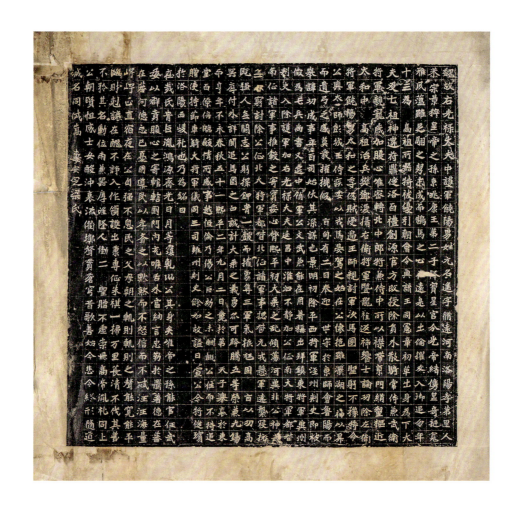

局部

民国 拓北魏《元祐墓志铭》拓片

长62.7厘米　宽59.5厘米

1953年安康当地士绅捐赠

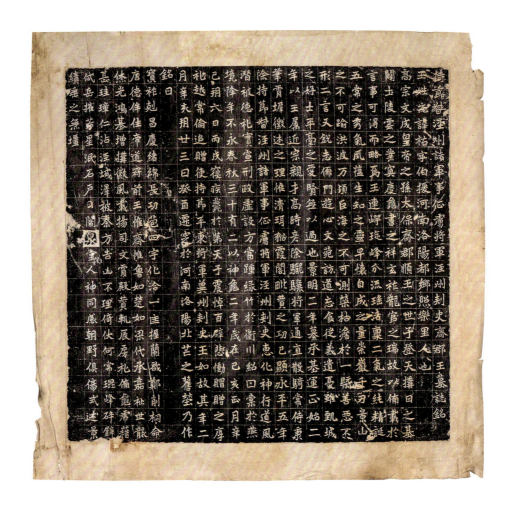

局部

民国 拓北魏《元固墓志铭》拓片

长59厘米　宽59.5厘米

1953年安康当地士绅捐赠

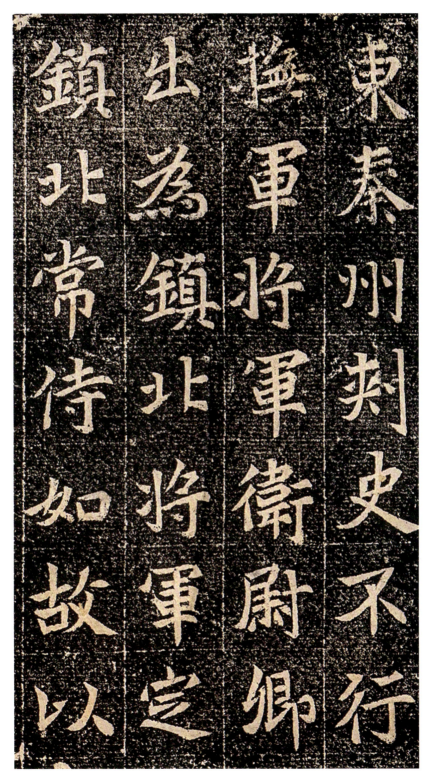

局部

民国 拓北魏《杨乾墓志铭》拓片

长59.7厘米　宽58.5厘米

1953年安康当地士绅捐赠

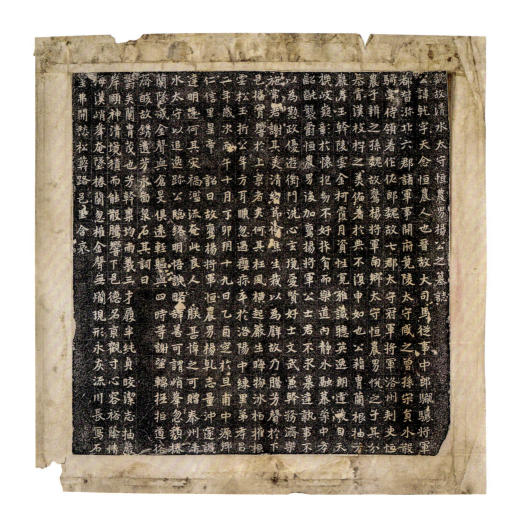

领着作佐郎魏之孙魏故龙骧将军之美俉者

局部

民国 拓北魏《元崇业墓志铭》拓片

长53厘米　宽52厘米

1953年安康当地士绅捐赠

局部

民国 拓北魏《李超墓志铭》拓片

长55厘米　宽55厘米

1953年安康当地士绅捐赠

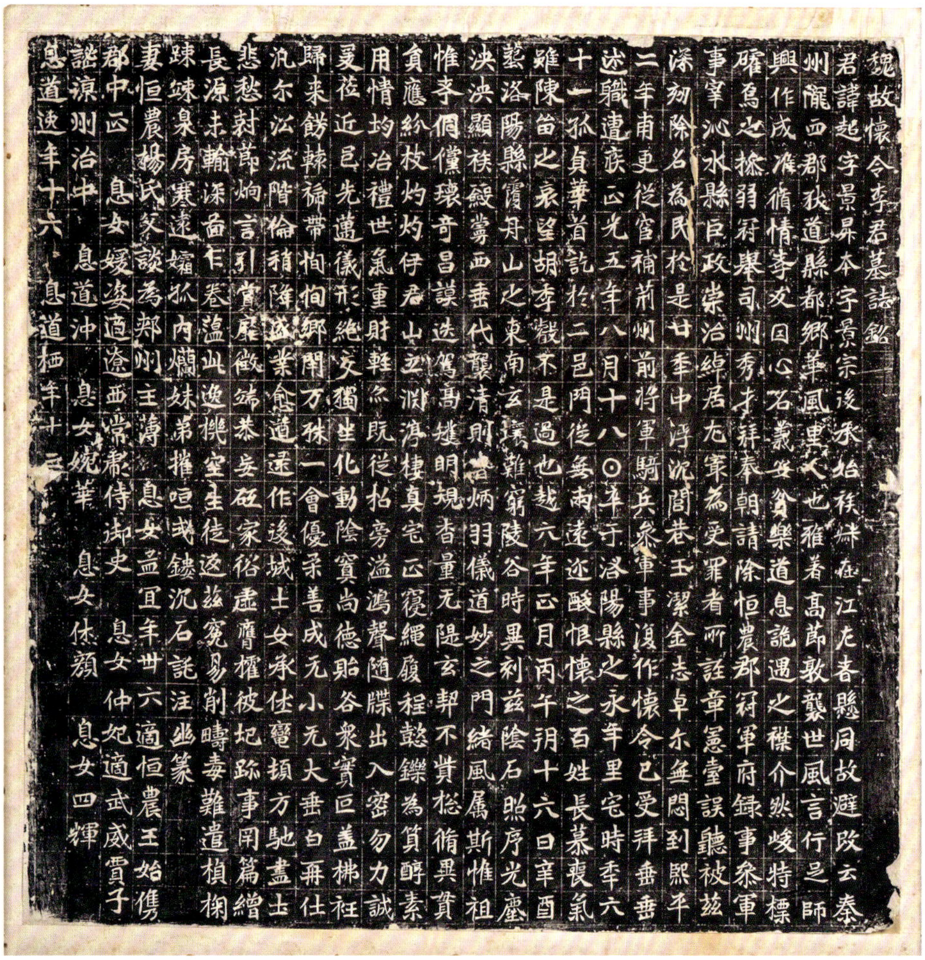

局部

民国 拓北魏《元荣宗墓志铭》拓片

长51厘米　宽52厘米

1953年安康当地士绅捐赠

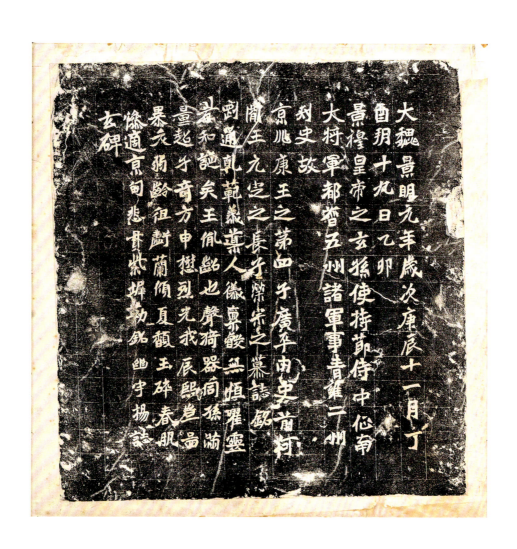

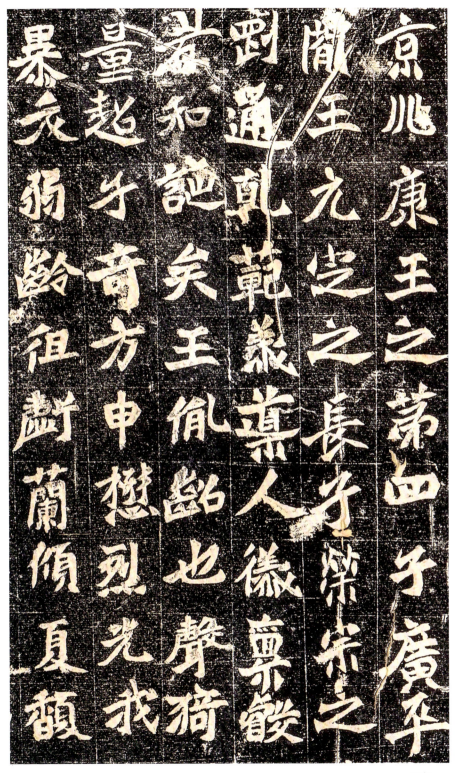

局部

民国 拓北魏《元寿安墓志铭》拓片

长86厘米　宽85厘米

1953年安康当地士绅捐赠

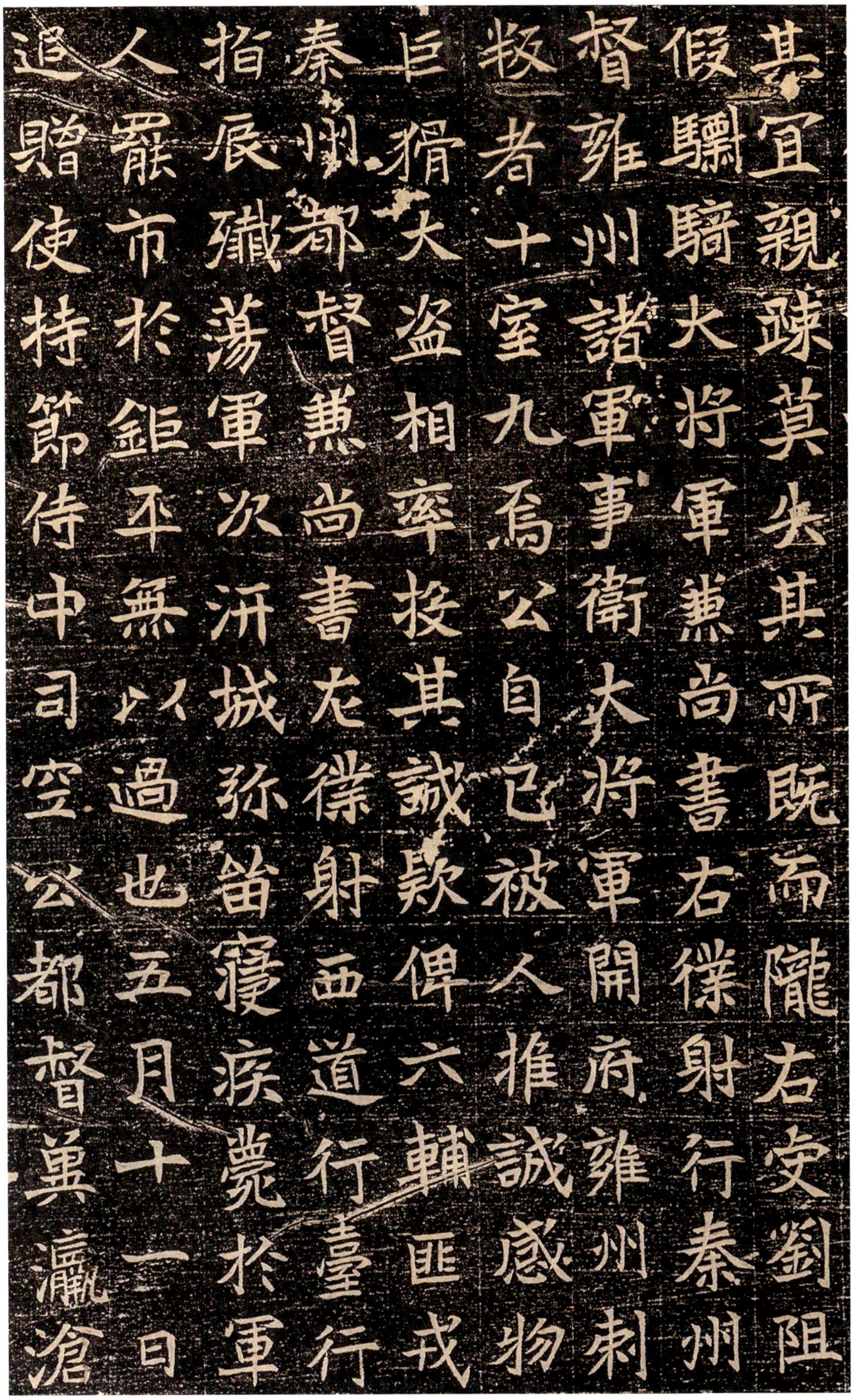

其宜親踈莫矣其所既南隴右安劉阻
假驃騎大將軍薰尚書右僕射行泰州
督雍州諸軍事衛大將軍開府雍州刺
牧者十室九爲公自大將軍推誠感物
巨猾盜相率投其誠欵俾人輔匪戎
秦辰瀕都督薰尚書左僕射西道行臺
指羅市於鉅平無洴以城弥首寢疾覺於五月十一日
追贈使持節侍中司空公都督冀瀛滄

局部

民国 拓北魏《林虑哀王元文墓志铭》拓片

长53厘米　宽53厘米
1953年安康当地士绅捐赠

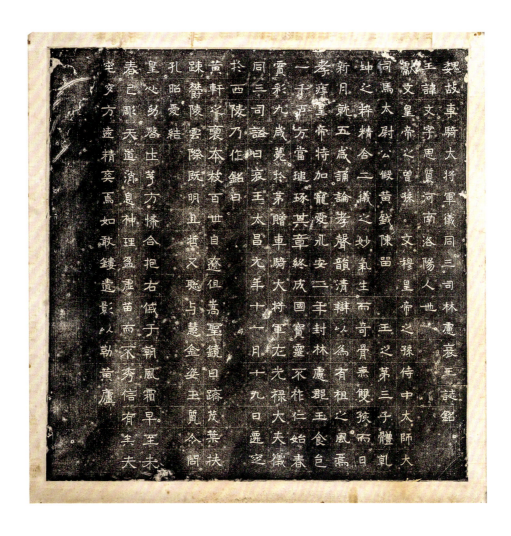

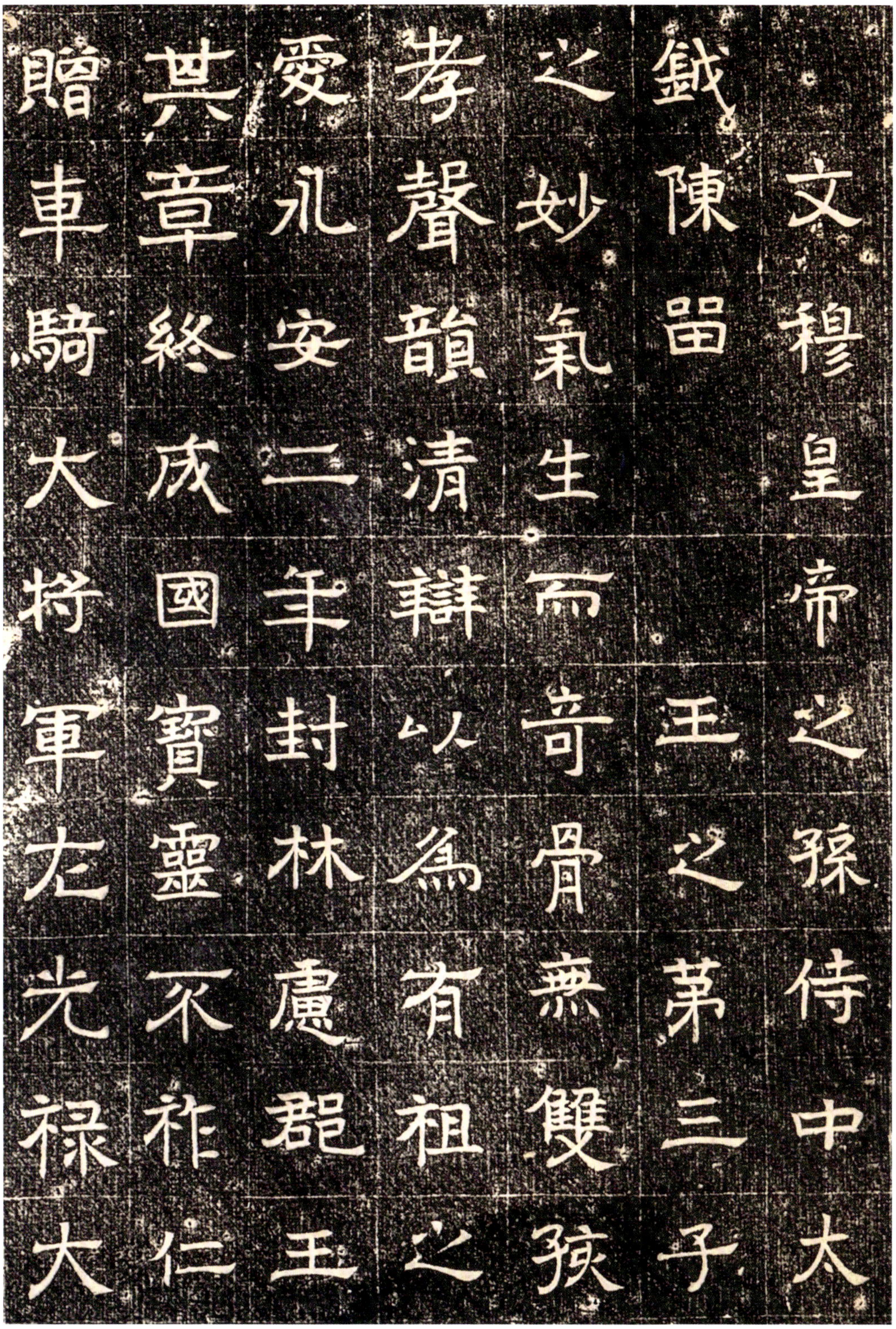

文穆皇帝之孫待中太
傅陳留王之第三子
鉞陳留王之第三子
之妙氣生而奇骨無雙孩
孝聲韻清辭以為有祖
愛孔安二年封林慮郡王
其章終成國寶靈不祚仁
贈車騎大將軍左光祿大

民国 拓北魏《穆亮墓志铭》拓片

长65厘米　宽58.5厘米

1953年安康当地士绅捐赠

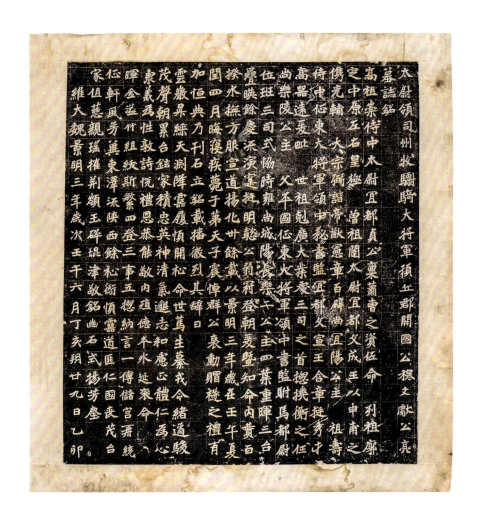

局部

民国 拓北魏《穆亮妻尉太妃墓志铭》拓片

长55厘米　宽53.5厘米

1953年安康当地士绅捐赠

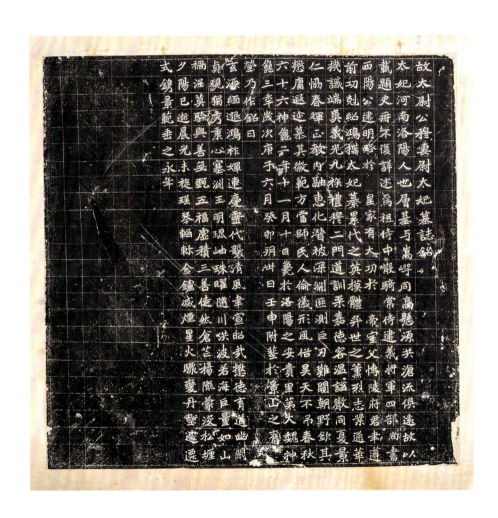

局部

民国 拓北魏《张安姬墓志铭》拓片

长52厘米　宽46厘米
1953年安康当地士绅捐赠

局部

民国 拓北魏《元定君墓志铭》拓片

长52厘米　宽52厘米
1953年安康当地士绅捐赠

局部

民国 拓北魏《孟敬训墓志铭》拓片

长50.5厘米　宽50厘米

1953年安康当地士绅捐赠

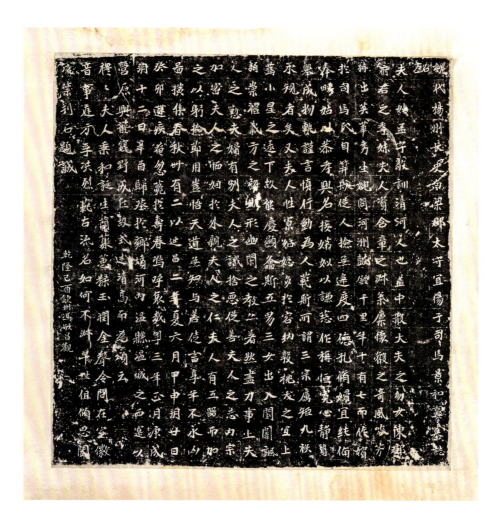

局部

民国 拓北魏《于纂墓志铭》拓片

长66厘米 宽66厘米

左下边框钤"右任藏石""鸳鸯七志斋"印

1953年安康当地士绅捐赠

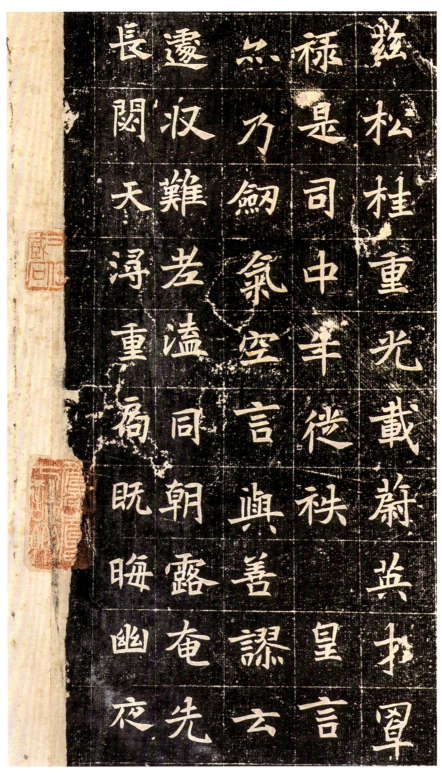

局部

民国 拓北魏《元瓒远墓志铭》拓片

长60.5厘米　宽60.5厘米

1953年安康当地士绅捐赠

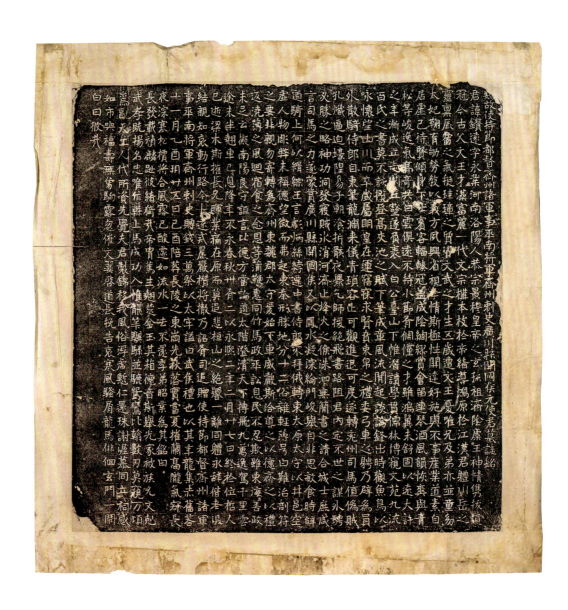

寄轉為齊州東魏　未樞德望徵而弗　絹綜王言彝炳絲

局部

民国 拓北魏《元详墓志铭》拓片

长67.5厘米　宽47.5厘米
1953年安康当地士绅捐赠

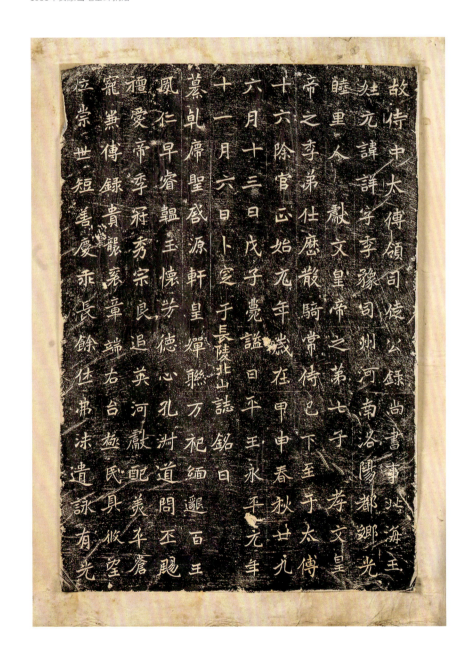

局部

民国 拓北魏《元显魏墓志铭》拓片

长59厘米　宽58厘米

1953年安康当地士绅捐赠

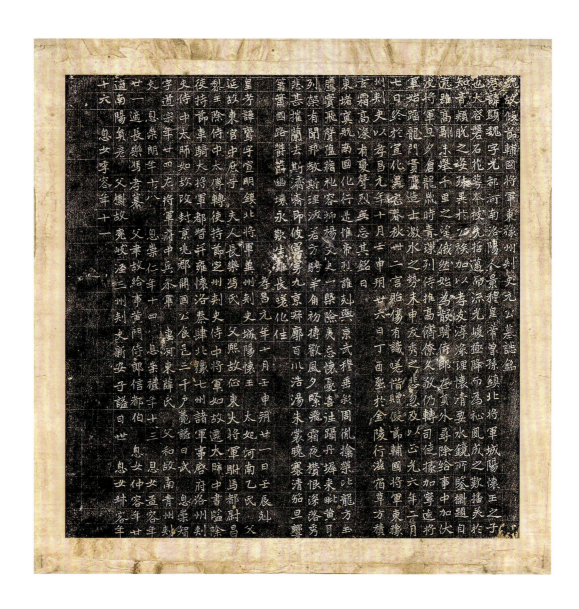

局部

民国 拓北魏《宁陵公主墓志铭》拓片

长58.3厘米　宽58.3厘米
1953年安康当地士绅捐赠

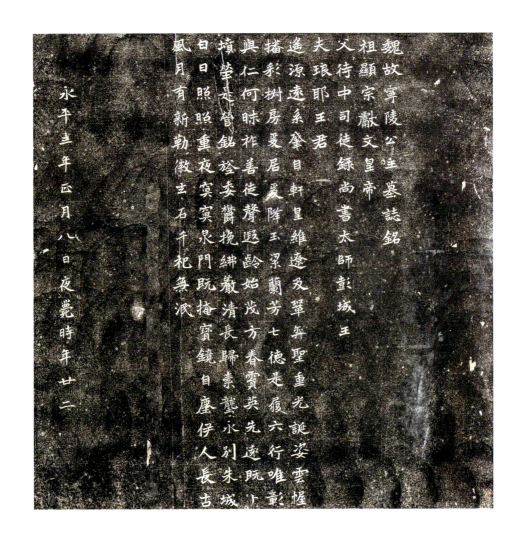

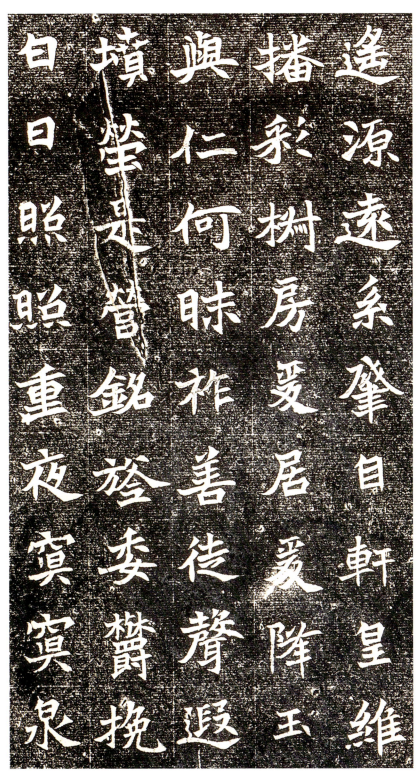

局部

民国 拓北魏《元龙墓志铭》拓片

长68.6厘米 宽68.6厘米

1953年安康当地士绅捐赠

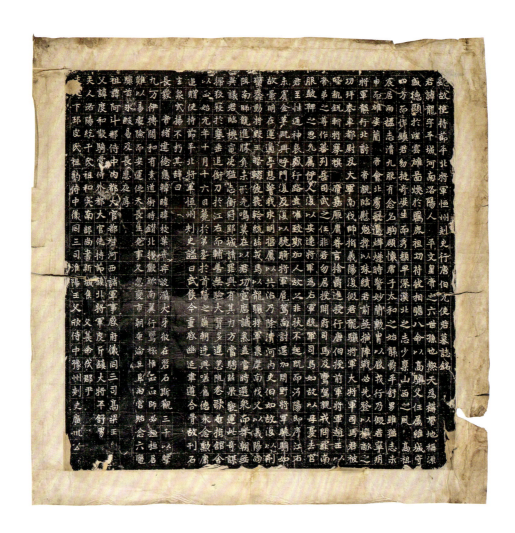

义阳复假君龙

以殊绩君前无

燧时警妙闲勋

局部

民国 拓北魏《元晖墓志铭》拓片

长67.3厘米　宽67.3厘米
1953年安康当地士绅捐赠

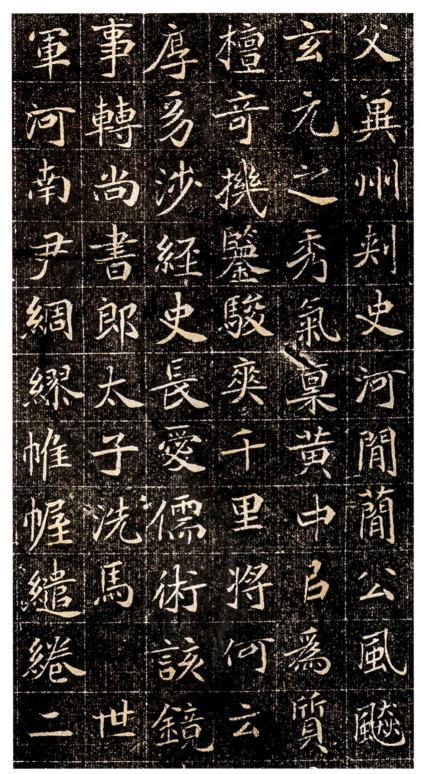

局部

民国 拓北魏《元玕墓志铭》拓片

长70厘米　宽70.8厘米

1953年安康当地士绅捐赠

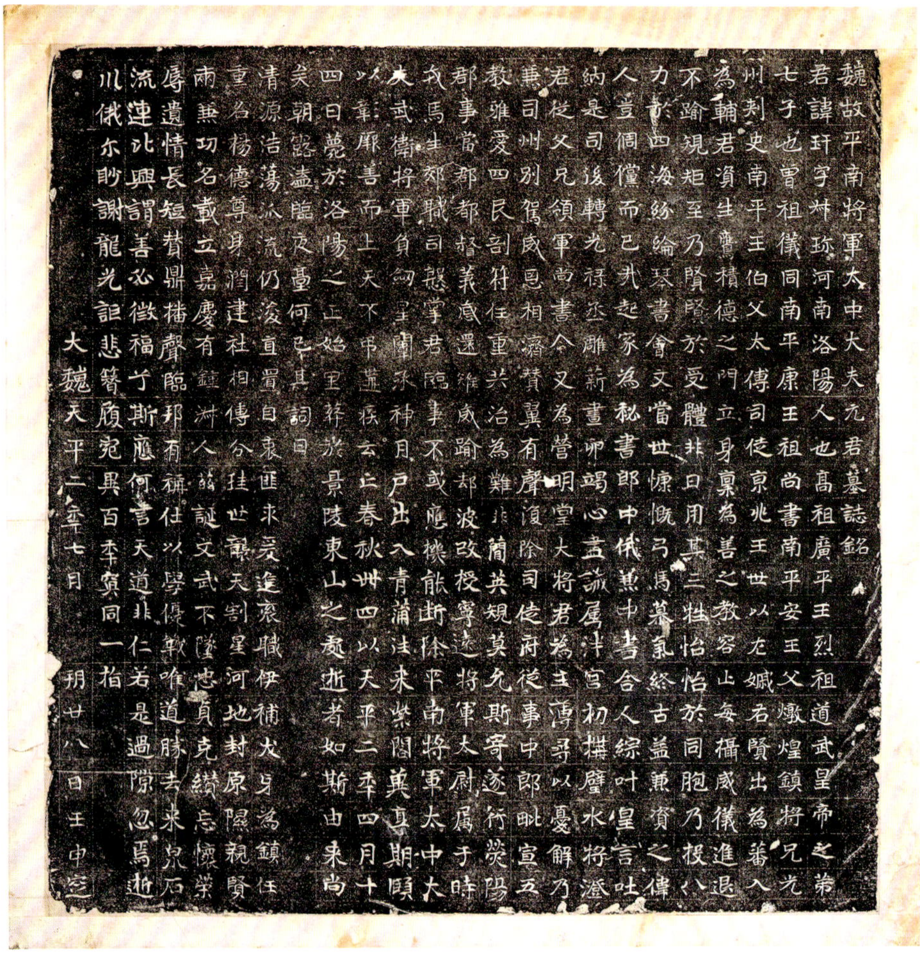

史南平王伯父太
君資生鷹積德之
覘矩至乃隤陷於

局部

民国 拓北魏《冯令华墓志铭》拓片

长74.5厘米　宽73.5厘米

1953年安康当地士绅捐赠

基起覆匡源資濫觴光顯允洲人天降迹不已作配如何車服應嘉慶乃曰隆祿歸今啟手思惟平素

局部

民国 拓北魏《元绪墓志铭》拓片

长68厘米　宽66.5厘米

1953年安康当地士绅捐赠

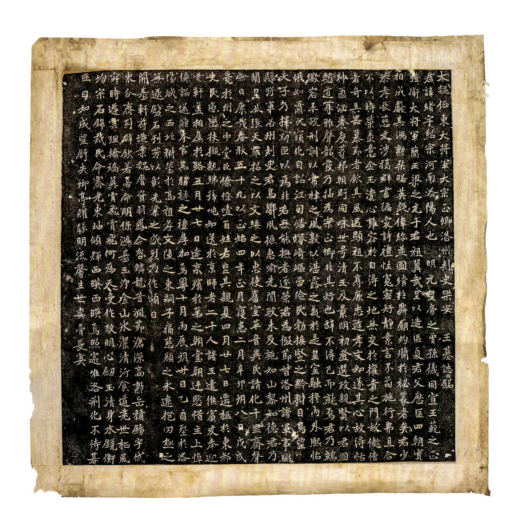

局部

民国 拓北魏《元宝月墓志铭》拓片

长68.7厘米　宽65厘米

1953年安康当地士绅捐赠

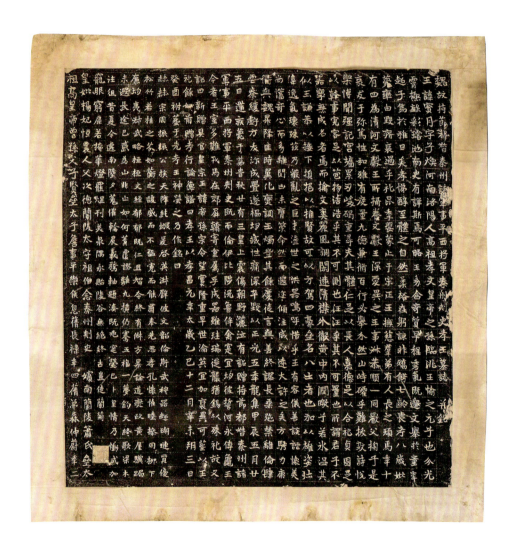

局部

民国 拓北魏《王绍墓志铭》拓片

长69.5厘米　宽69.5厘米

1953年安康当地士绅捐赠

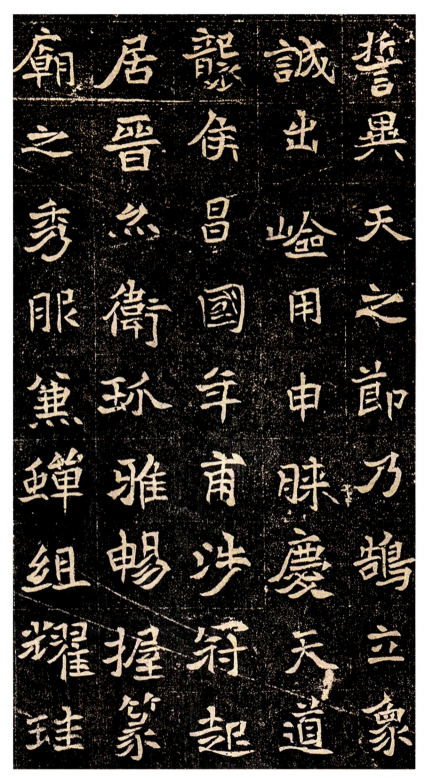

局部

民国 拓北魏《临淮王元彧墓志铭》拓片

长61厘米　宽61厘米

1953年安康当地士绅捐赠

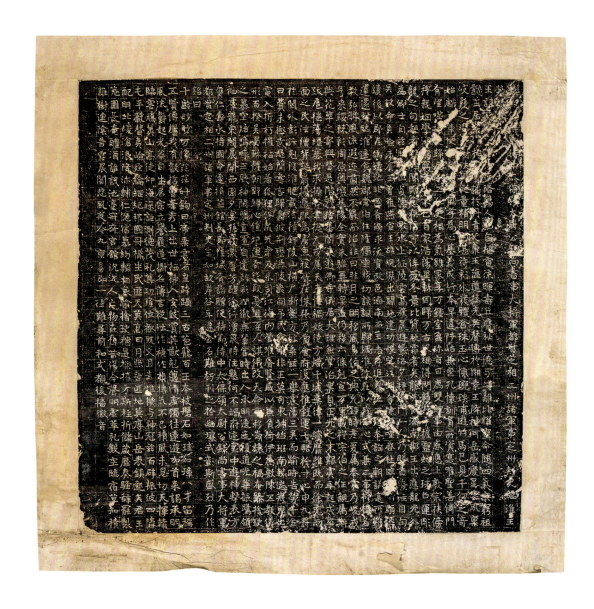

山高德仰溪夷崚经纶纪沧浪陈涂辅仁

局部

民国 拓北魏《司马显姿墓志铭》拓片

长67厘米　宽67厘米

1953年安康当地士绅捐赠

几迁命为第一贵重膳衣不岂帛方秋廿匝光元季十

局部

民国 拓北魏《元信墓志铭》拓片

长52厘米　宽52厘米

1953年安康当地士绅捐赠

魏故假節龍驤將軍晉州刺史元君墓誌銘
君諱信字子諒洛陽人也　昭成皇帝七世孫神蹤與
姬夏同初靈源共積石爭峻緜世章黼蔚乎有聞承相
以帝者懿親論道朝端從西勤馬風駈聲随邉服考司
空儁氣獨清神衿秀遠昂藏伊洛之朝規矩一時之望
君令質挺生雅懷嚴凈多入書堂無竹馬之歡長尋墳
誥有月旦之異行義以會仁專信以集友愛敬發於天
然將慎由於性理所謂魏國之白駒元族之千里司空
元公秉指經朝緯文綏武祺弓以待賢蒲帛以邀德聞
君識素既奇情靈洞遠辟君爲衆軍事君稟氣沖高資
懷剋讓本無城國之榮豈啚佐人之職方乃接翮飜飛
高步開俗年十有五卒乎官天子痛悼親賢同泣有
詔贈龍驤將軍晉州刺史粵其年七月丙辰朔十二日
丁卯窆於舊塋其詞曰
王儉至重鉉府非輕在山訪竹在世求英卓哉夫子節
行凝明情啚高尚時不見聽陳家早令礼辟以申公車
滿路鳯帛成羣祚弓之旨豈越茲人聞之古語驗之徵
君伊公司鼎朝稱良政自君之舉孰云非令稱闕有聞
貢言方盛百事剋諧澄明如鏡福善有聞斯焉豈實情
節方申中年空殞痛矣蘭摧惜哉何暨三良若秦孰如
茲曰

局部

民国 拓北魏《元演墓志铭》拓片

长64.7厘米　宽59厘米
1953年安康当地士绅捐赠

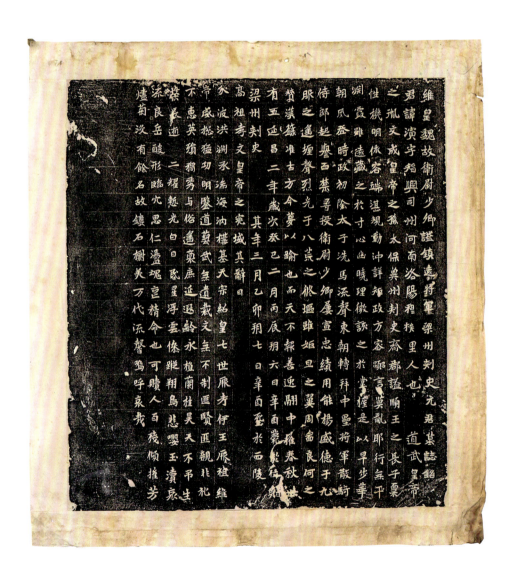

局部

民国 拓北魏《元虔墓志铭》拓片

长74厘米　宽66厘米

1953年安康当地士绅捐赠

高風勁節，從容顧讓，見義必趨，廣都野，洒潤咸肅，德普

局部

民国 拓北魏《元倪墓志铭》拓片

长72.5厘米　宽61厘米

1953年安康当地士绅捐赠

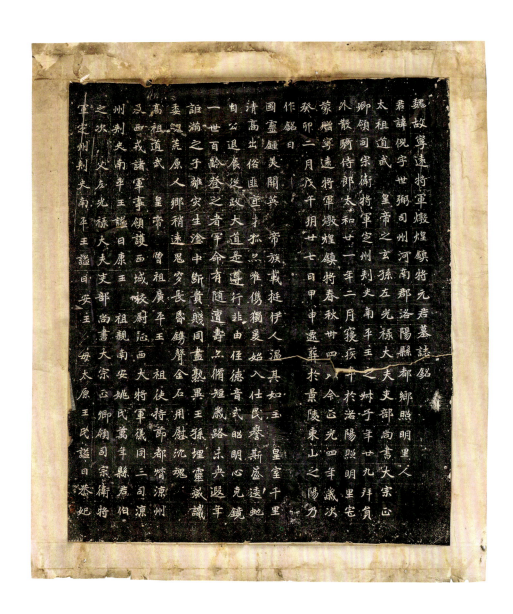

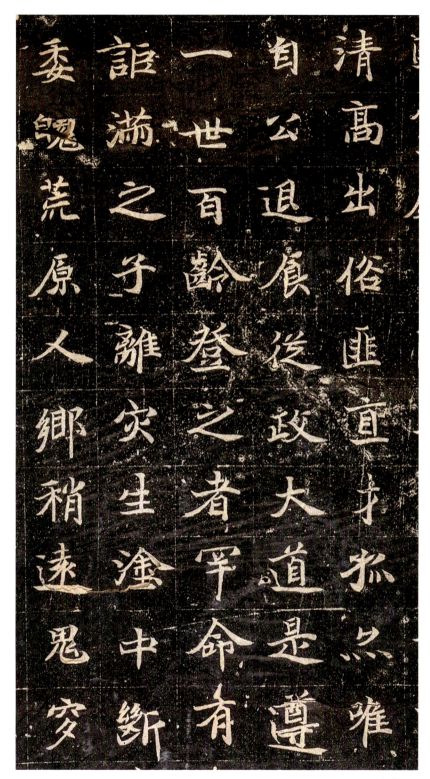

局部

民国 拓北魏《元略墓志铭》拓片

长67厘米　宽64.5厘米

1953年安康当地士绅捐赠

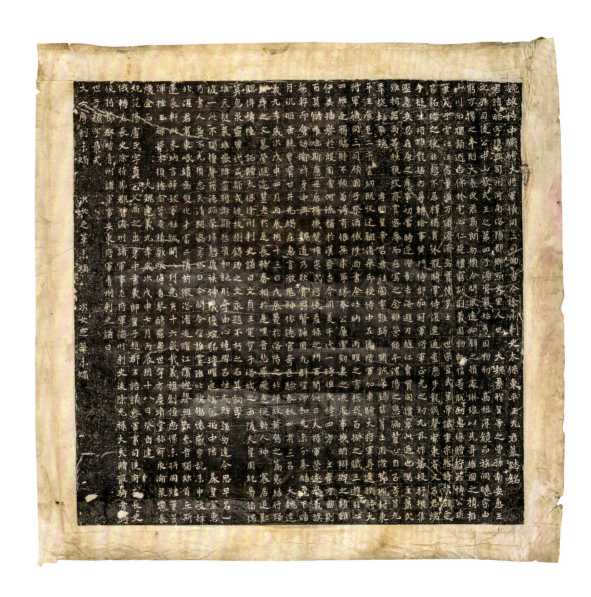

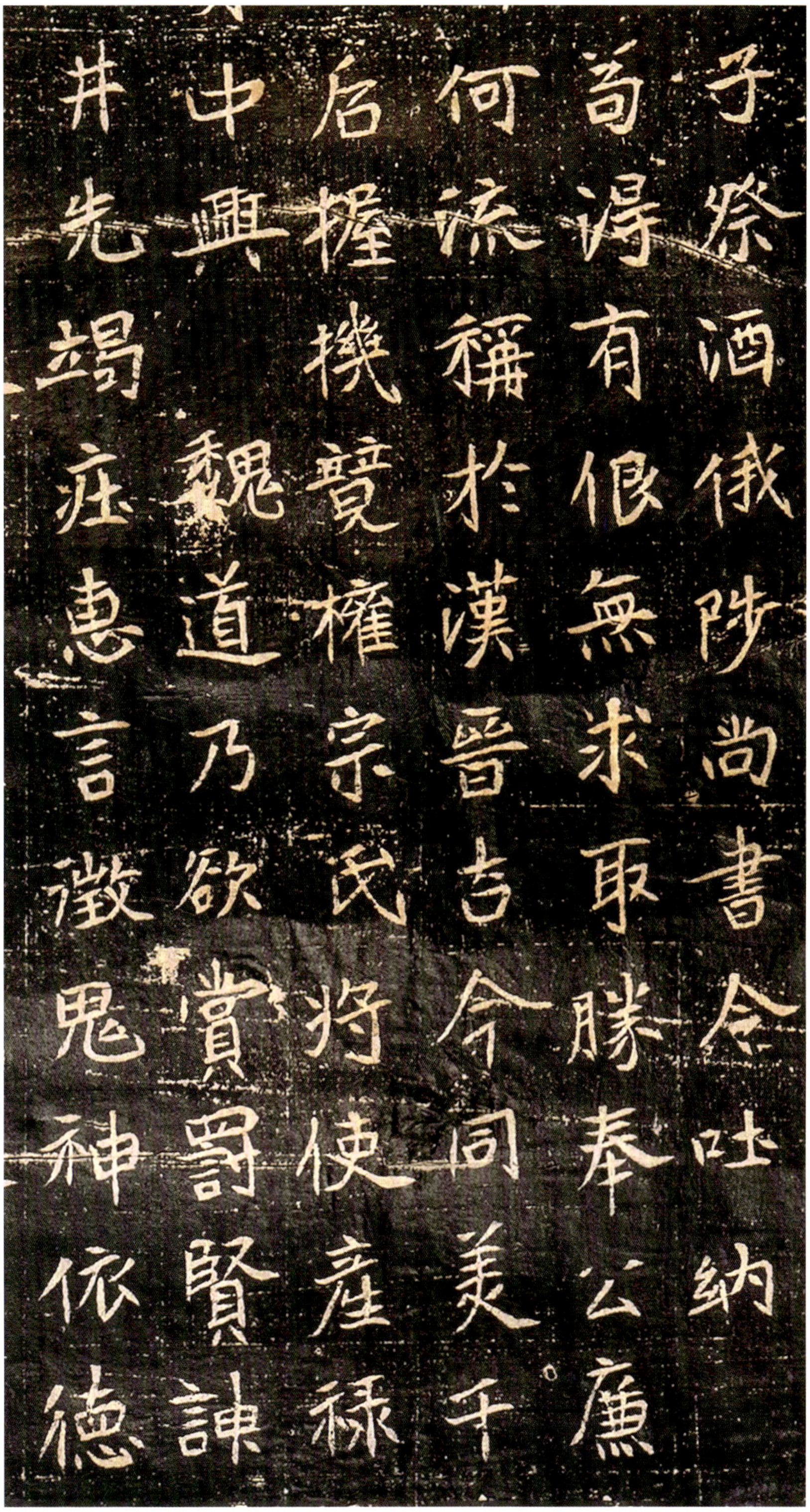

子祭酒俄陟尚書令吐納
荀得有恨無求取媵奉公廉
何流稱於漢晉吉今同羮千
后握機竟權宗氏將使產祿
中興魏道乃欲賞罰賢諫
井先竭痊惠言徵鬼神依德

局部

民国 拓北魏《元子直墓志铭》拓片

长77.5厘米　宽76.7厘米

1953年安康当地士绅捐赠

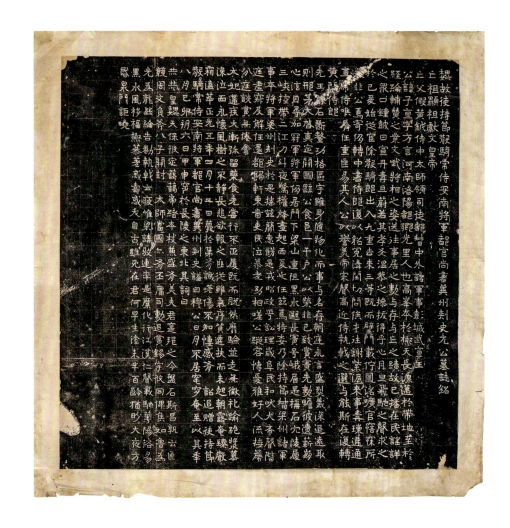

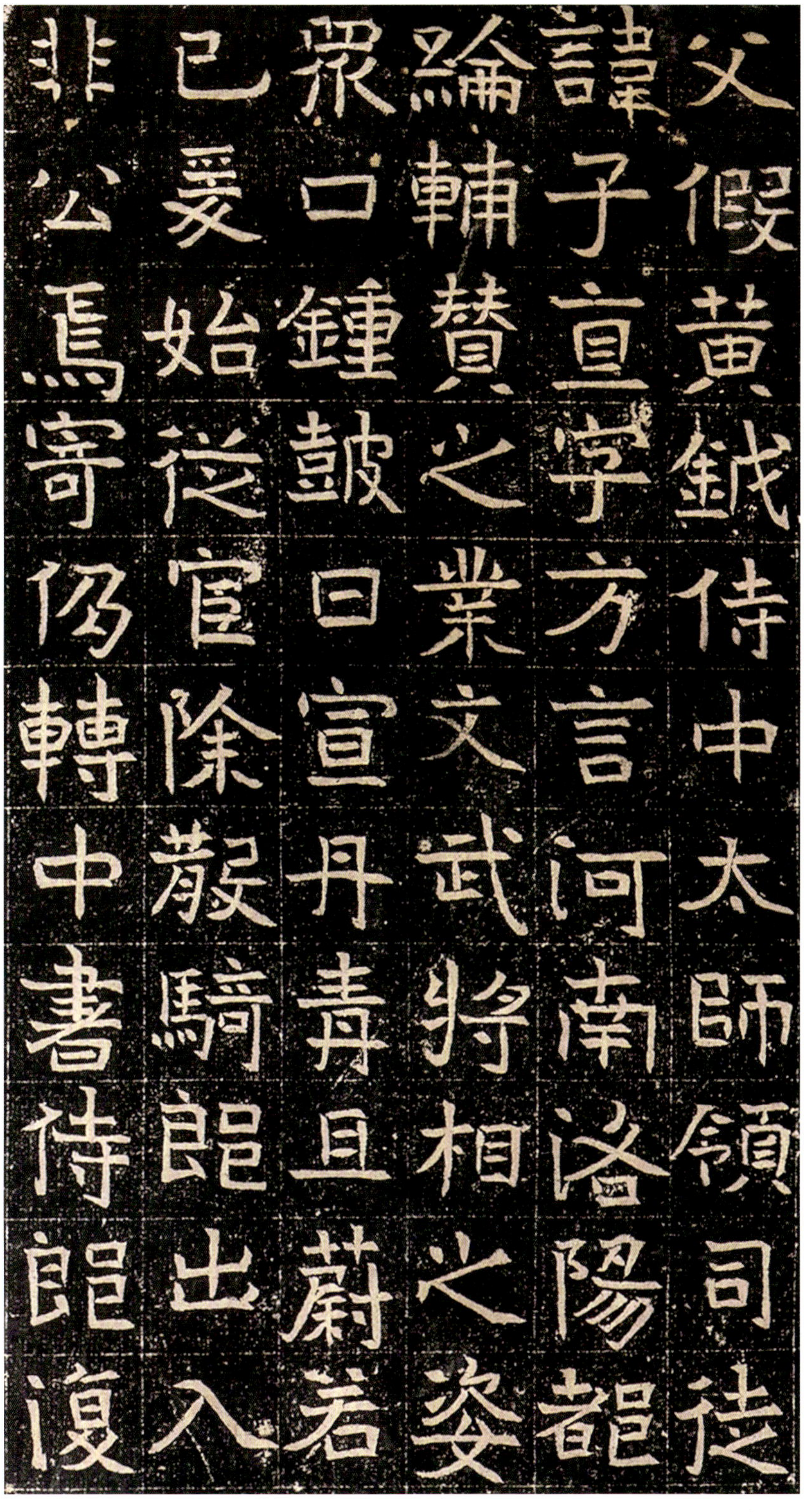

父假黃鉞侍中太師領司徒
諱子宣守方言河南洛陽龍
綸輔贊之業文武將相之姿
眾口鍾鼓曰宣丹青且蔚若
已爰始從宜除殼騎郎出入
非公焉寄偽轉中書侍郎復

局部

民国 拓北魏《元天穆墓志铭》拓片

长82厘米　宽80.5厘米

1953年安康当地士绅捐赠

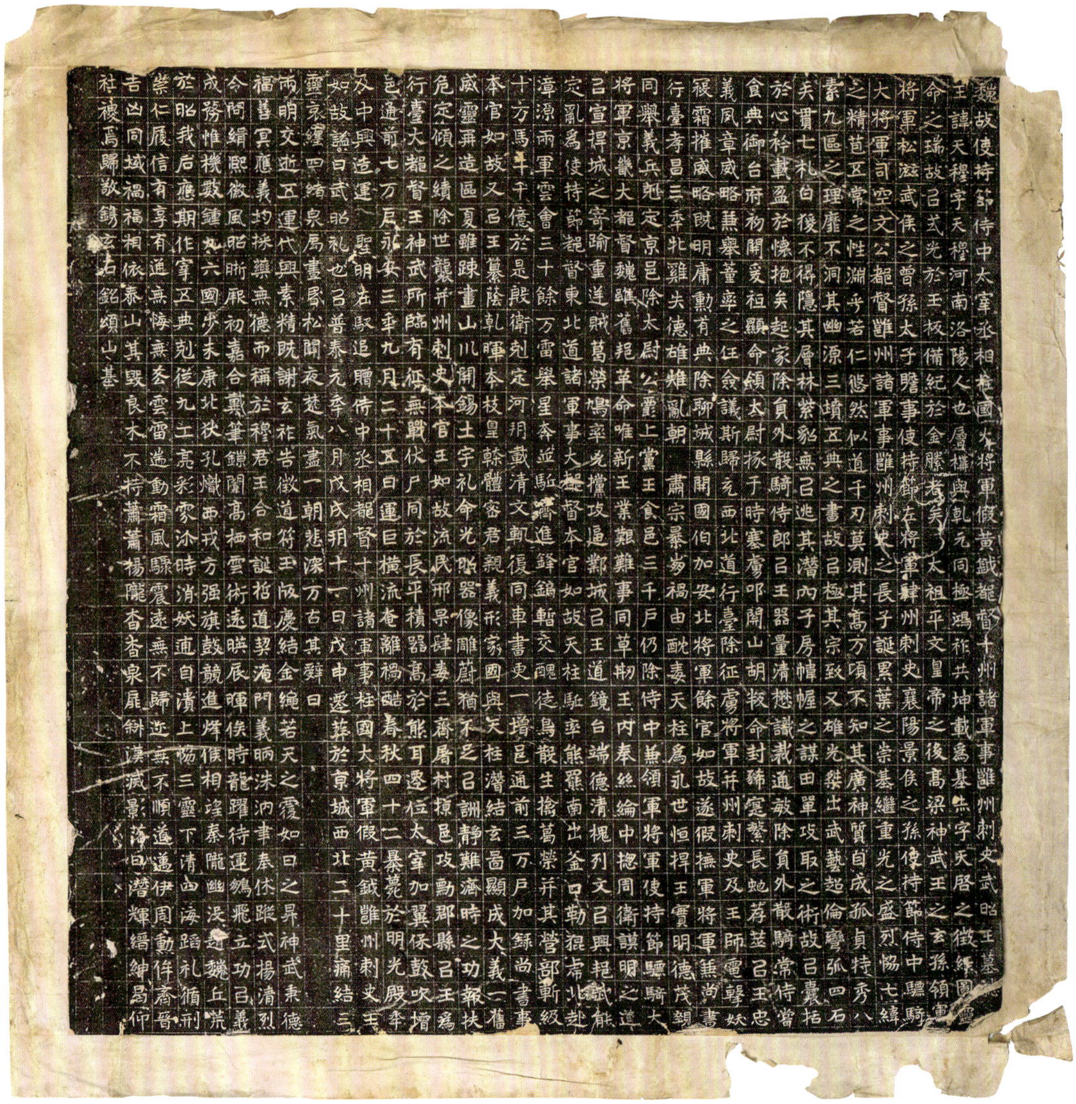

區夏雖踈畫山川績除世襲并州刺督王神武所臨有

局部

民国 拓北魏《穆子严墓志铭》拓片

长69.5厘米　宽69.5厘米
1953年安康当地士绅捐赠

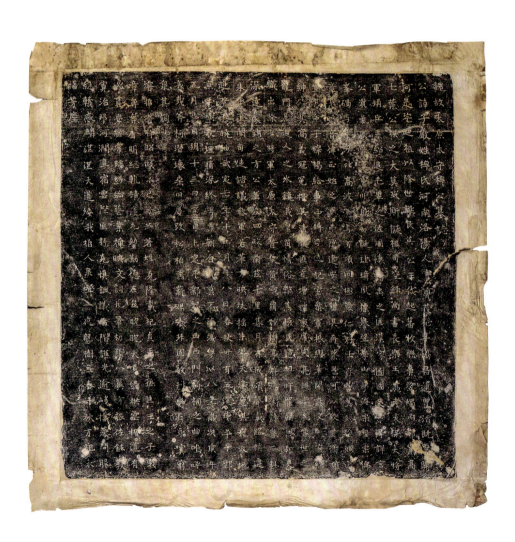

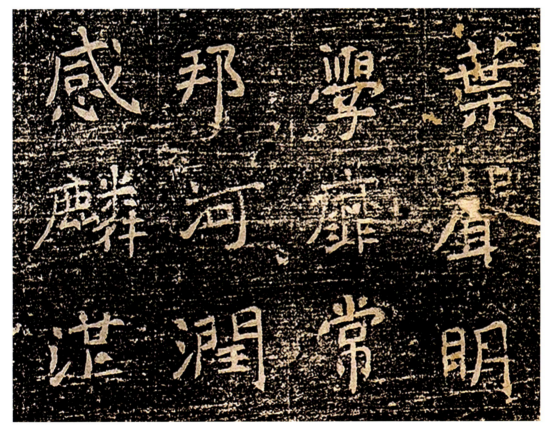

局部

民国 拓北魏《元昭墓志铭》拓片

长78.5厘米　宽75.4厘米
1953年安康当地士绅捐赠

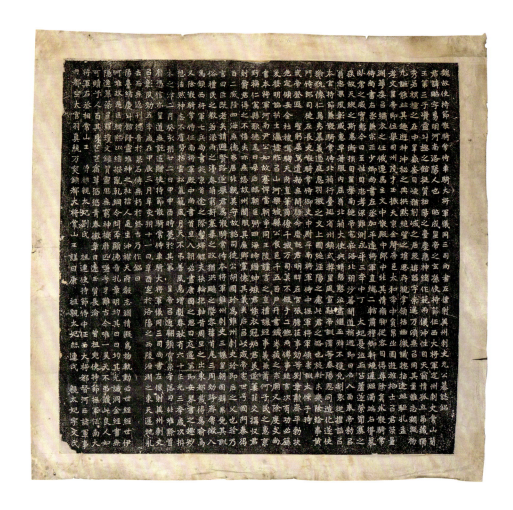

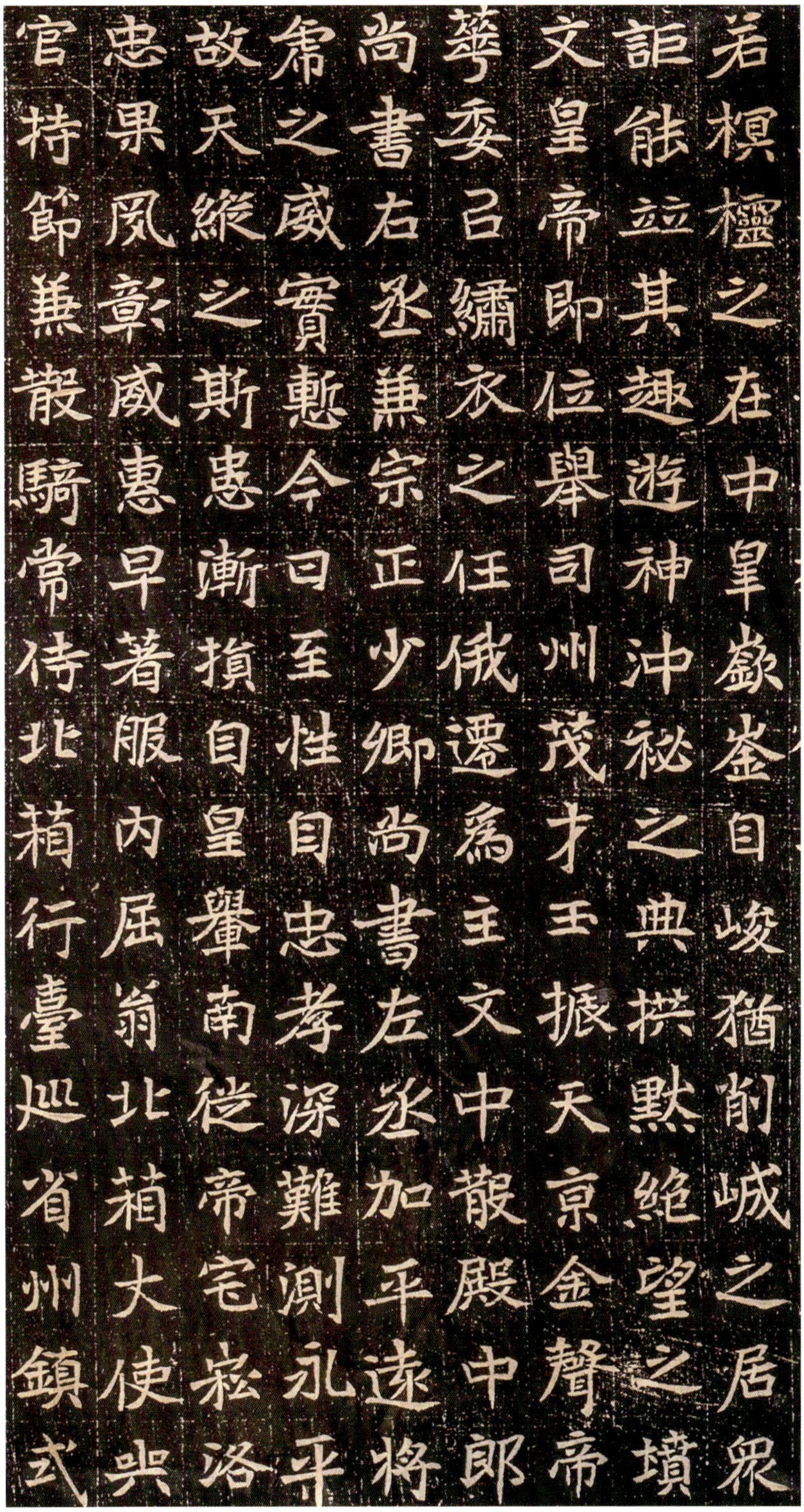

若梓樞之在中皋歛爰目峻猶削城之居眾
詎能立其趣遊神沖祕之典拱默絕望之墳
文皇帝即位舉司州茂才壬振天京金聲帝
華委曰繡衣之任俄遷為主文中散殿中郎
尚書左丞蕪宗曰正少卿尚書左丞加平遠將
希之威實憝今曰至性目忠孝深難測永洛
故天縱之斯患漸損自皇舉南從帝宅宏興
忠果風章威惠早著服內屈翁北廂大使
官持節蕪散騎常侍北廂行臺迴省州鎮式

局部

民国 拓北魏《阳平幽王妃李氏墓志铭》拓片

长76.5厘米　宽71.5厘米

1953年安康当地士绅捐赠

雎之高範遵雞穆舉動其於令大邦母儀光於

局部

民国 拓北魏《元纂墓志铭》拓片

长70厘米　宽69厘米

1953年安康当地士绅捐赠

子折瑶枝於扶君憂弟之勿出凝奪霜金迄潔

局部

民国 拓北魏《元怀墓志铭》拓片

长81厘米　宽80厘米

1953年安康当地士绅捐赠

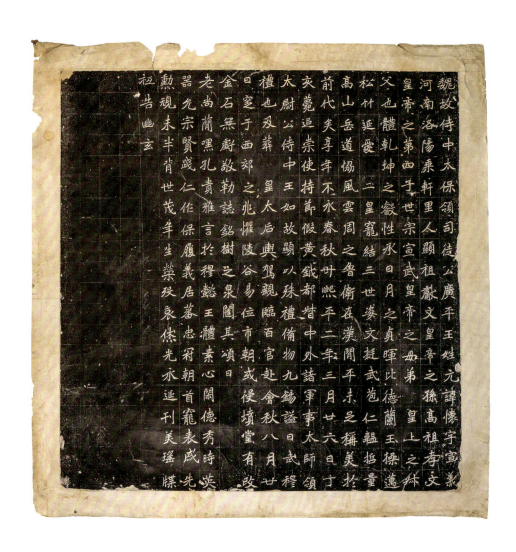

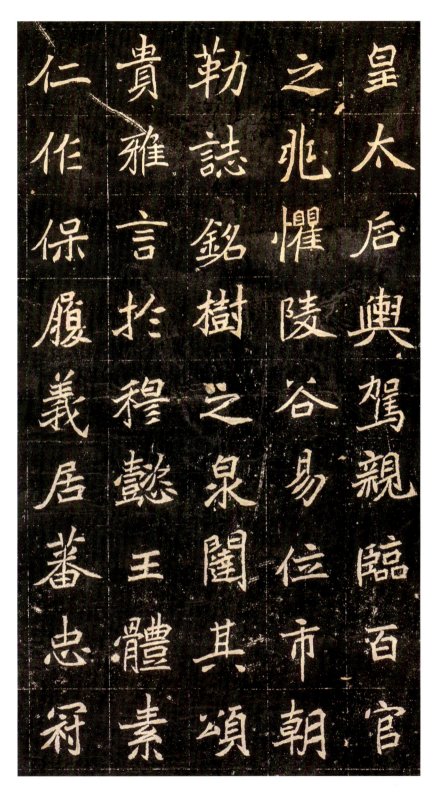

局部

民国 拓北魏《元珽墓志盖》拓片

长39.5厘米　宽38.5厘米

1953年安康当地士绅捐赠

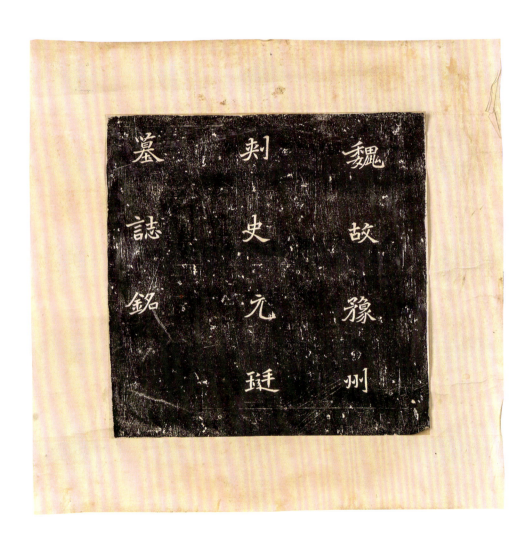

局部

民国 拓北魏《元𦗥墓志铭》拓片

长47厘米　宽46厘米

1953年安康当地士绅捐赠

局部

民国 拓北魏《元羽墓志铭》拓片

长54.5厘米　宽48.6厘米
1953年安康当地士绅捐赠

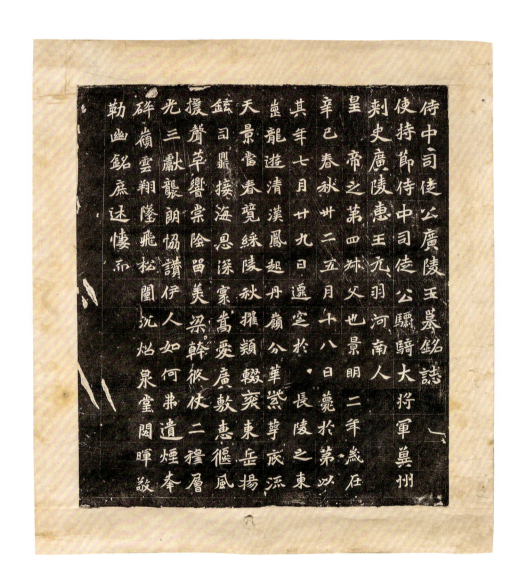

其年七月廿九日遷窆於
岜龍遊清漢鳳起丹巘分華
天景當春覽綠陵秋擢穎輟
鉉司鼎接海恩深寰宇愛廣
援聲草響崇陰留美梁棟彼
光三獻襲朗協讚伊人如何

局部

民国 拓北魏《于仙姬墓志铭》拓片

长46.5厘米 宽38厘米
1953年安康当地士绅捐赠

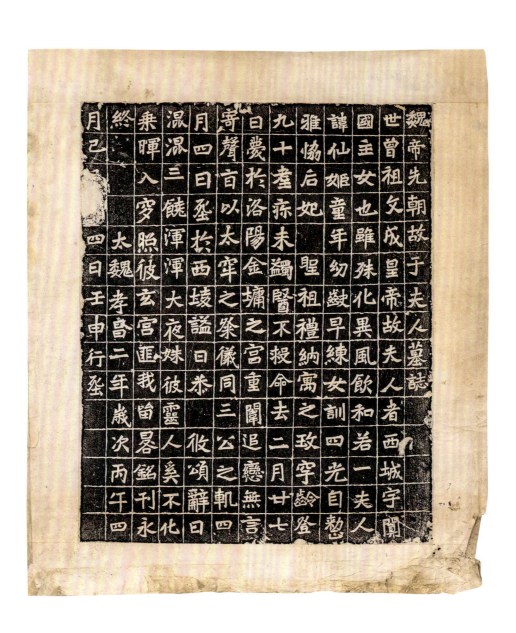

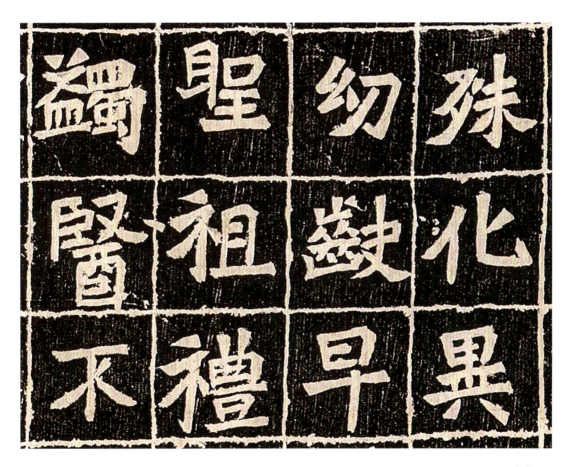

局部

民国 拓北魏《王僧男墓志铭》拓片

长39.2厘米 宽39.2厘米
1953年安康当地士绅捐赠

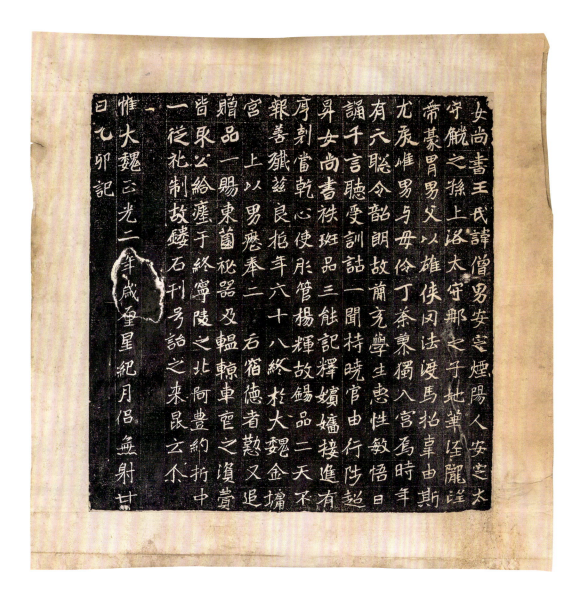

局部

民国 拓北魏《昝双仁墓志铭》拓片

长49厘米　宽49厘米

1953年安康当地士绅捐赠

局部

民国 拓北魏《李淑真墓志铭》拓片

长41厘米　宽41厘米

1953年安康当地士绅捐赠

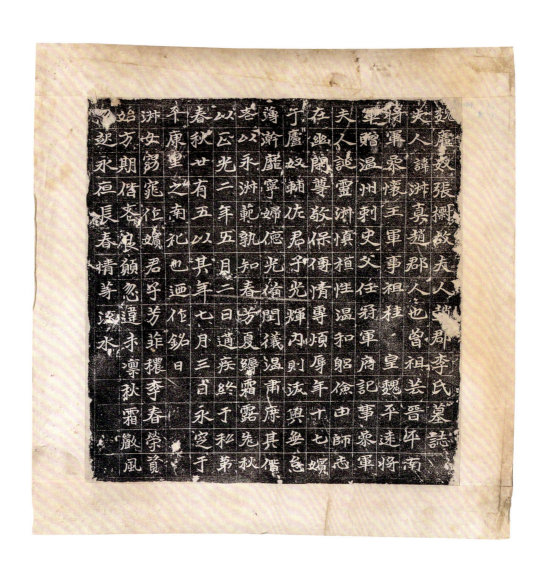

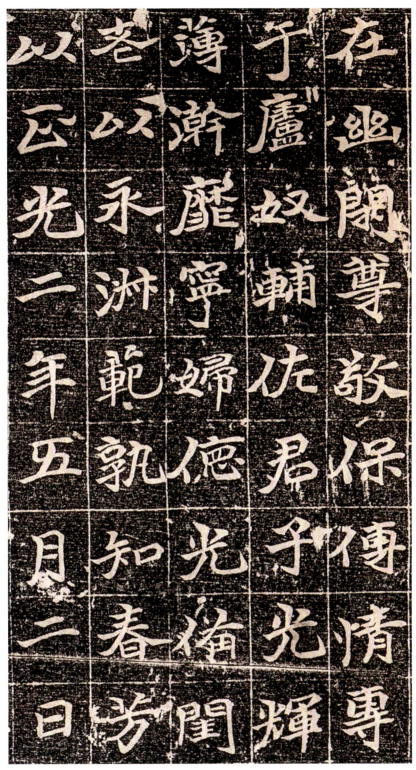

局部

民国 拓北魏《刘阿素墓志铭》拓片

长43.5厘米　宽35.3厘米
1953年安康当地士绅捐赠

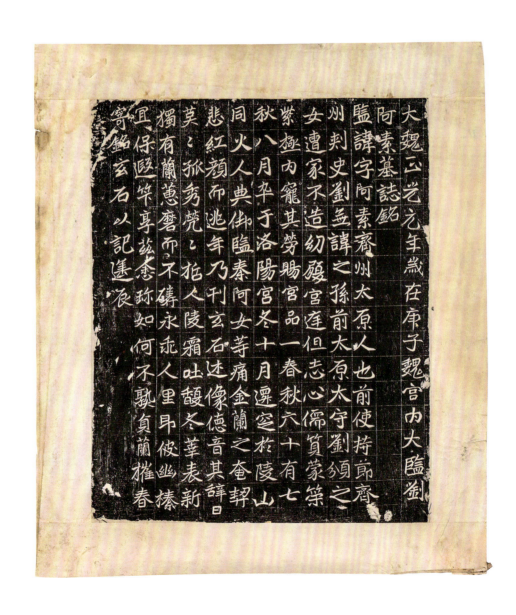

局部

民国 拓北魏《司马升墓志铭》拓片

长50.5厘米　宽50.5厘米
1953年安康当地士绅捐赠

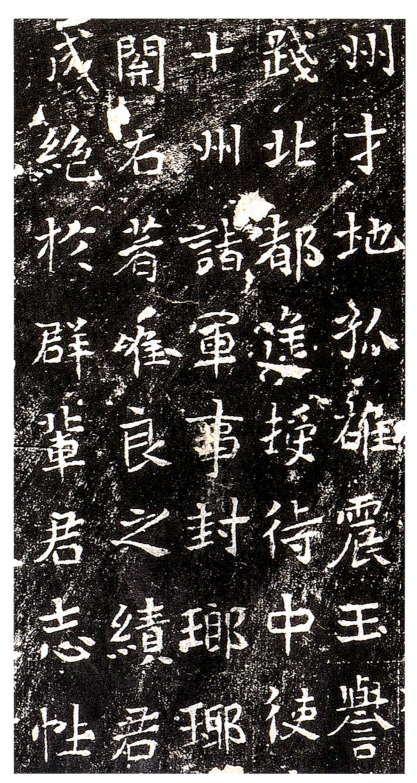

局部

民国 拓北魏《崔颋墓志铭》拓片

长38.5厘米　宽38.5厘米

1953年安康当地士绅捐赠

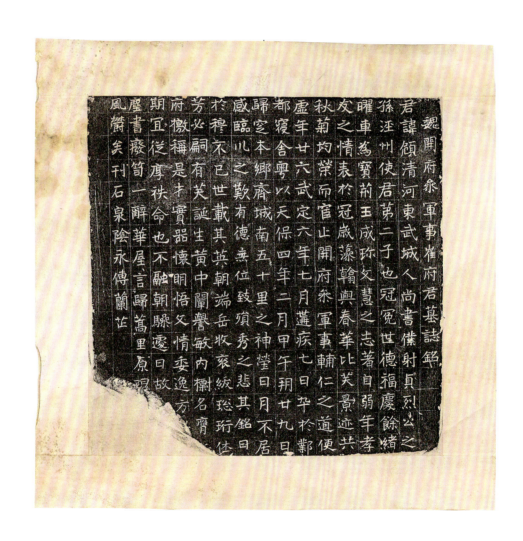

第二部分　魏晉南北朝墓誌拓本

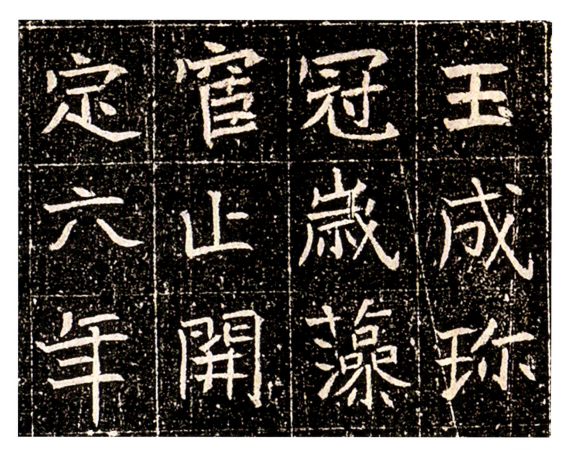

局部

民国 拓北魏《刘玉墓志铭》拓片

长54.2厘米　宽50厘米
1953年安康当地士绅捐赠

斑名位遠祖尚明徙漢中議凶遂沒寡迁先人

局部

民国 拓北魏《阳作忠墓志铭》拓片

长46.5厘米 宽47.5厘米
1953年安康当地士绅捐赠

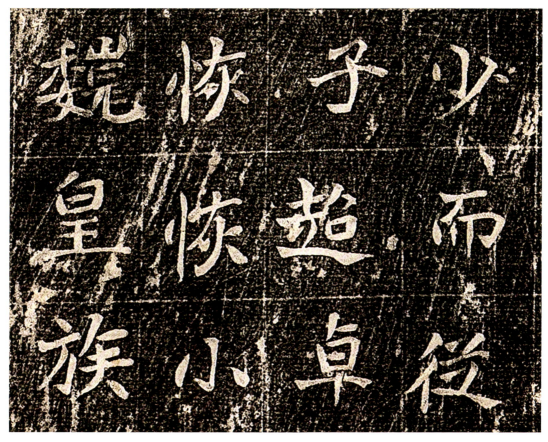

局部

民国 拓北魏《刘华仁墓志盖》拓片

长32厘米　宽33厘米
1953年安康当地士绅捐赠

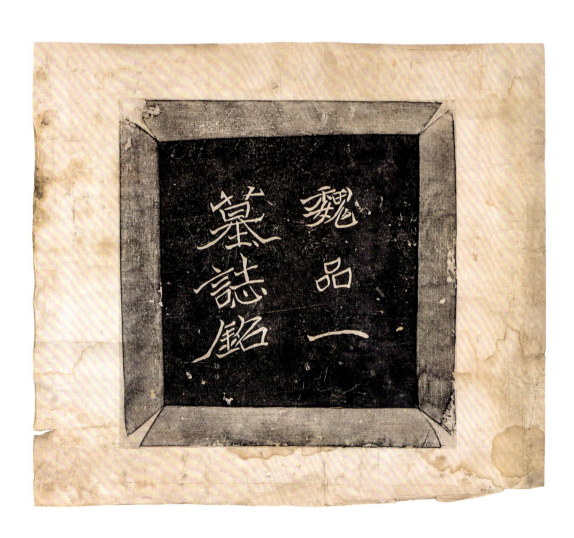

局部

民国 拓北魏《刘华仁墓志铭》拓片

长53厘米　宽46厘米
1953年安康当地士绅捐赠

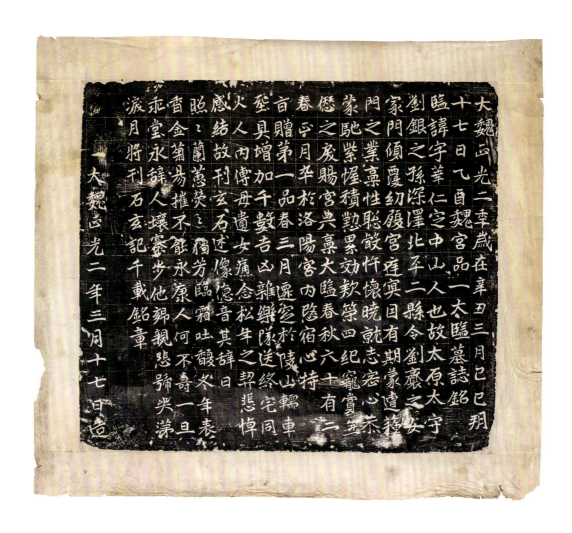

局部

民国 拓北魏《侯夫人墓志铭》拓片

长41厘米　宽40厘米

1953年安康当地士绅捐赠

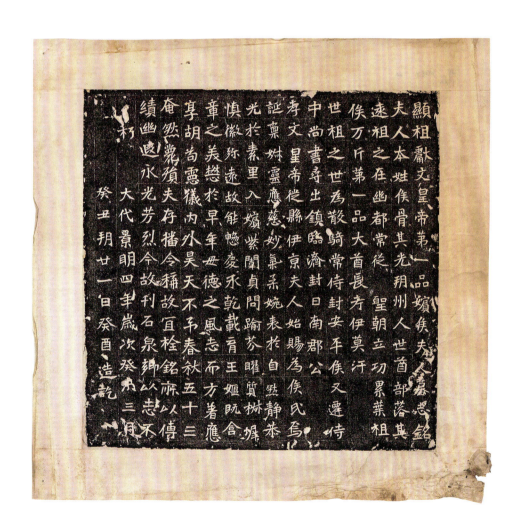

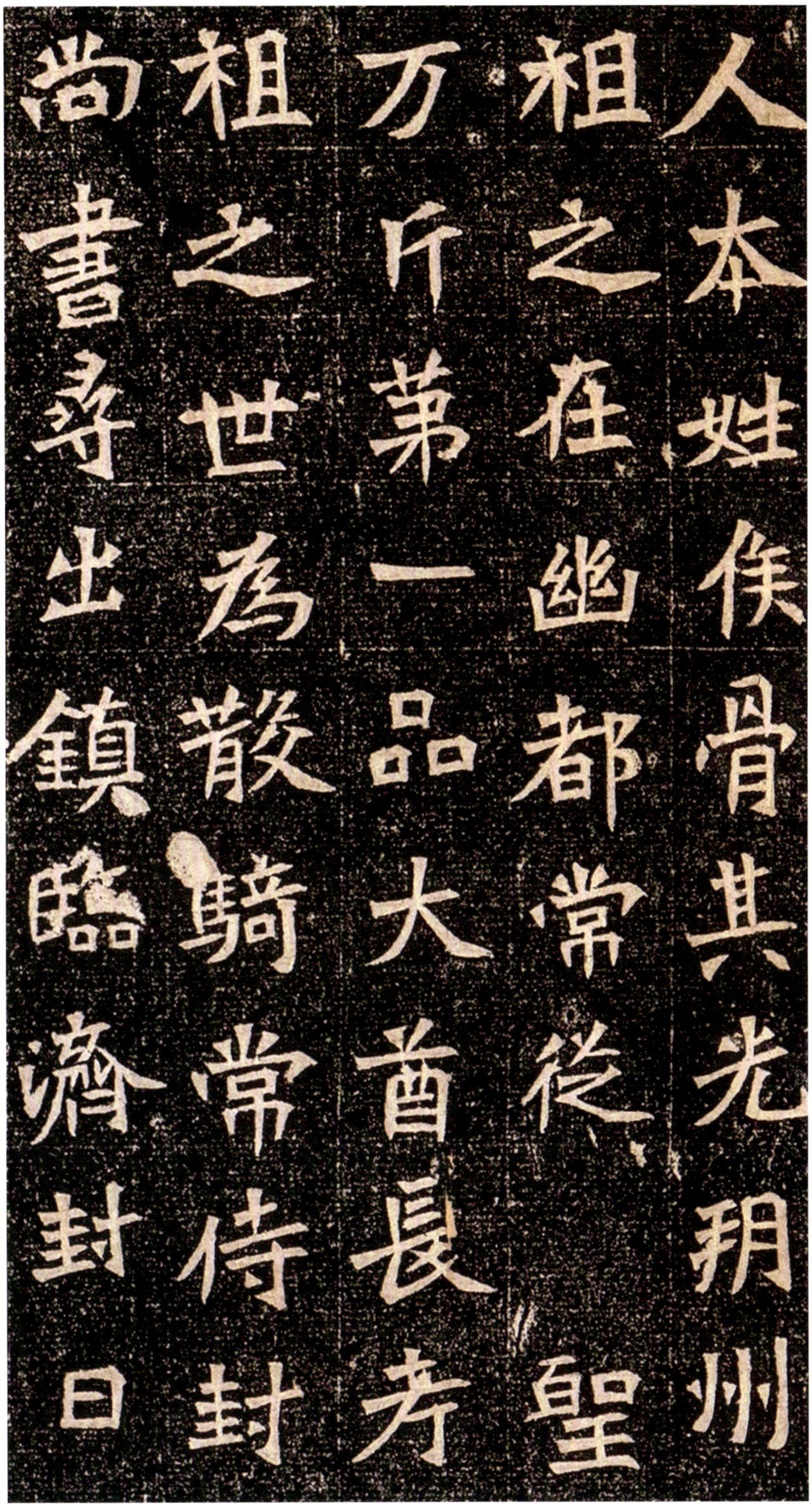

人本姓俟骨其光翔州
祖之在幽都常从聖
万斤第一品大首长考
祖之世为散骑常侍封
尚書寻出鎮臨濟封日

局部

民国 拓北魏《元引墓志铭》拓片

长43.5厘米　宽42厘米

1953年安康当地士绅捐赠

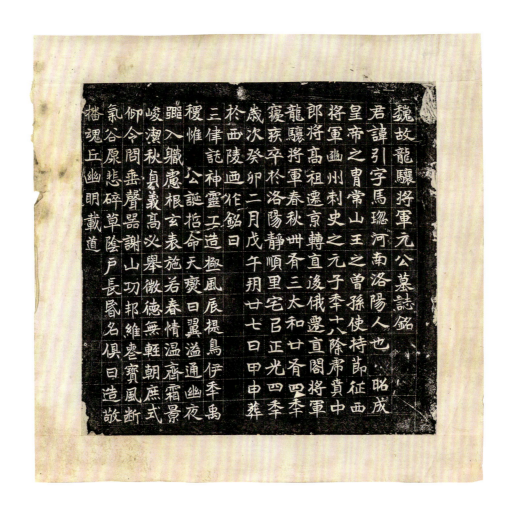

· 第二部分 魏晉南北朝墓志拓本

局部

民国 拓北魏《鞠彦云墓志盖》拓片

长28.3厘米 宽25.5厘米

1953年安康当地士绅捐赠

局部

民国 拓北魏《鄯乾墓志铭》拓片

长55.5厘米　宽47厘米

1953年安康当地士绅捐赠

荣丰軒絜源邈魏趡含雅時錫君諱節風藥門

局部

民国 拓北魏《石婉墓志铭》拓片

长57厘米　宽51厘米
1953年安康当地士绅捐赠

魏尚書江陽王次妃石夫人墓誌銘
夫人諱婉字敬勃燕郡廣世魏故使持節
荆豫二州諸軍事平南將軍荆豫青三州刺史汝陽都督
公欽之季女稟氣妍華資性聰哲學沙九流思宗廬東淵
不測才開詩禮偏能賦詩歸心至聖愈慕玄機
被遣教無父不撓兼物瞻仰之益遐邇擅名於外會邦人絕轍
妻悵見美於魏圉何曾遠之道俗息然於世曰吏騎絡繹之觀
生悌橫桂出西萬恨量石歲文書德自光畫其人家
性寶衡聞台合歲就金戴明如秋王色夫辭白苑
曰王公如月言叶類德旦筵陳豔玉家
云女宜心似吐璋若霄口味王
生公寧沈王委徐埕若珍瞻平生
齋轄華脫玄穀步心賢貴之
篇流襞素上鏡院郁勢格筆聳若自堂蹤
恋慎機微言思驚氣勘恨不覺緒明何以
如何一旦興世長違蘭劍由攀膏盡
室隱金聲難聞翳絕但見遺經悲言玄石

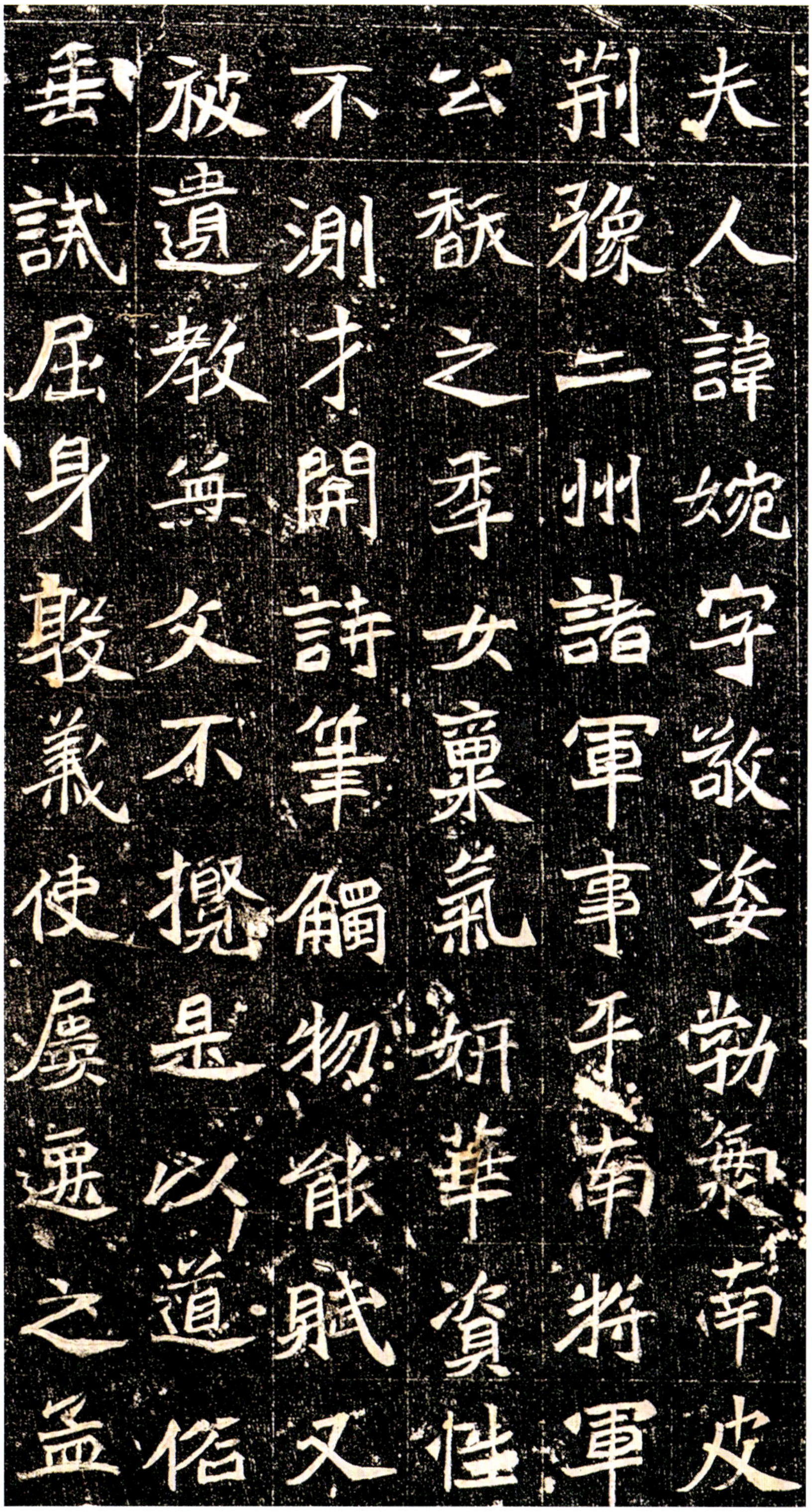

夫人諱婉守敬姿勃奧南攴
荊豫二州諸軍事□南將軍
公歎之季女稟氣妍華資性
不測才開詩筆觸物能賦又
被遺教無父不撹是以道俗
丞試厭身製義使屢遠之益

局部

民国 拓北魏《元桢墓志铭》拓片

长65.5厘米　宽65厘米
1953年安康当地士绅捐赠

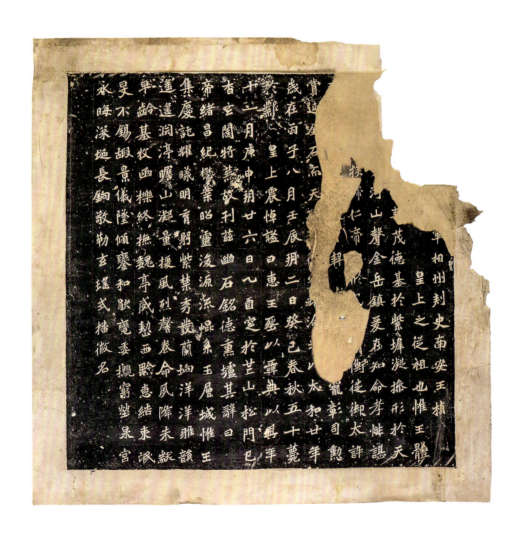

昭靈浚源流崐育鬱紫禁秀發凝量擾風烈馨

局部

民国 拓北魏《元简墓志铭》拓片

长72厘米　宽33.5厘米
1953年安康当地士绅捐赠

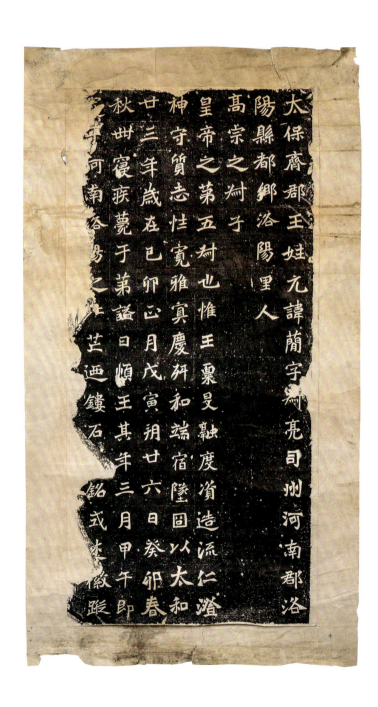

局部

民国 拓北魏《贾瑾墓志铭》拓片

长91厘米　宽56厘米
1953年安康当地士绅捐赠

精五典之原官奉朝請俄轉通廿一昂見悲掉

局部

民国 拓南朝宋《刘怀民夫妇墓志铭》拓片

长52.5厘米　宽49.2厘米
1953年安康当地士绅捐赠

局部

民国 拓南朝梁《程子猷墓志铭》拓片

长56.5厘米　宽34厘米
1953年安康当地士绅捐赠

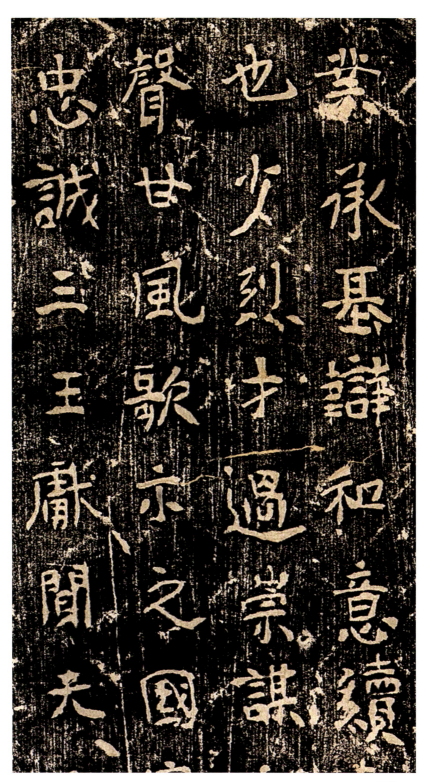

局部

清 拓南朝梁《瘗鹤铭》拓片

长121厘米　宽84厘米
1953年安康当地士绅捐赠

局部

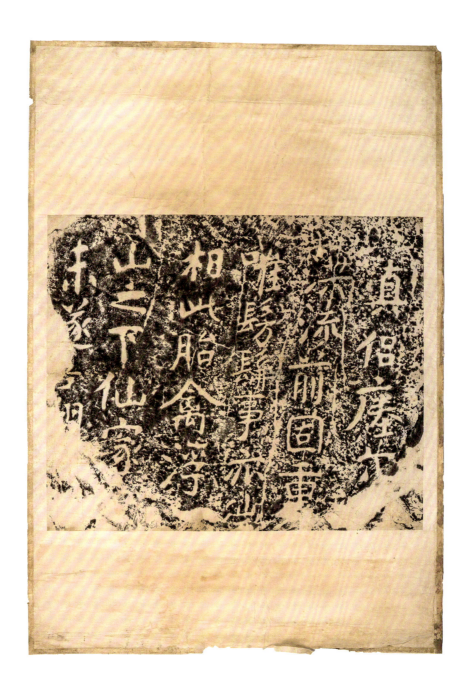

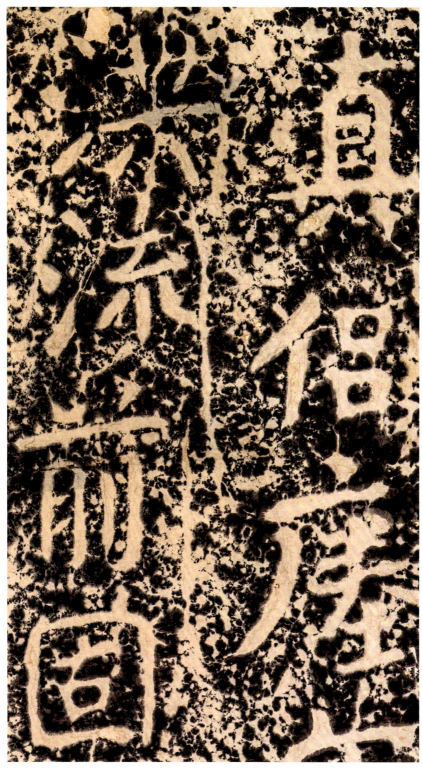

局部

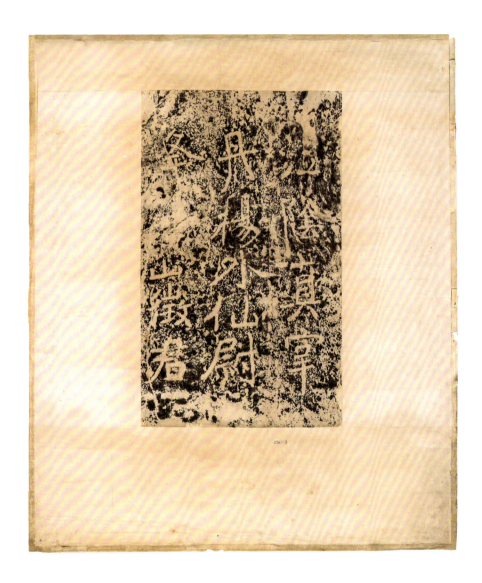

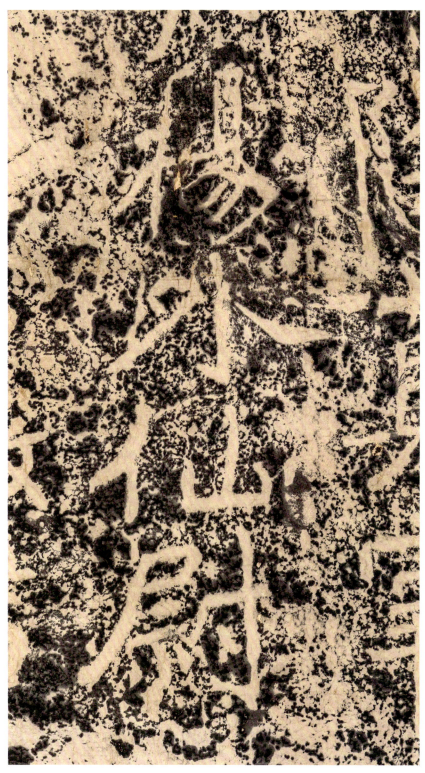

局部

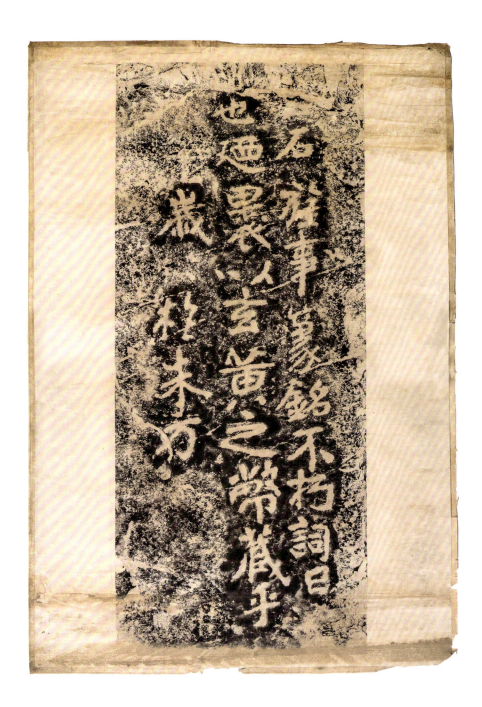

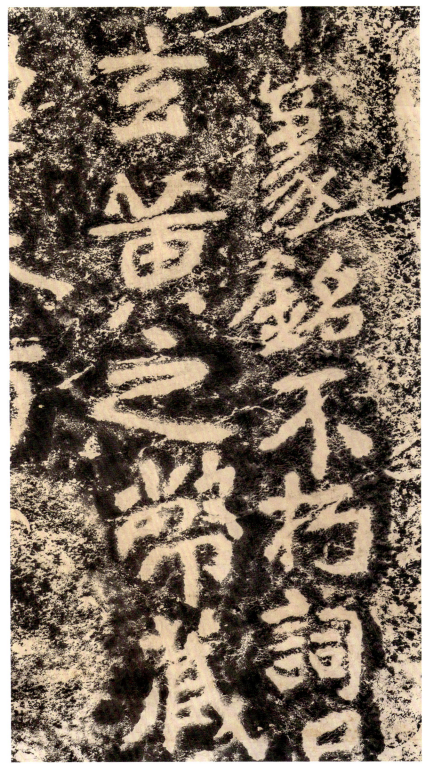

局部

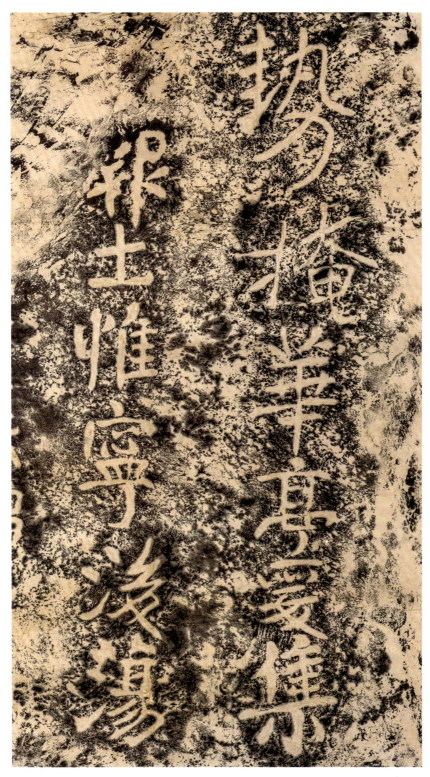

局部

民国 拓东魏《东安王太妃陆顺华墓志铭》拓片

长58.5厘米　宽58厘米

1953年安康当地士绅捐赠

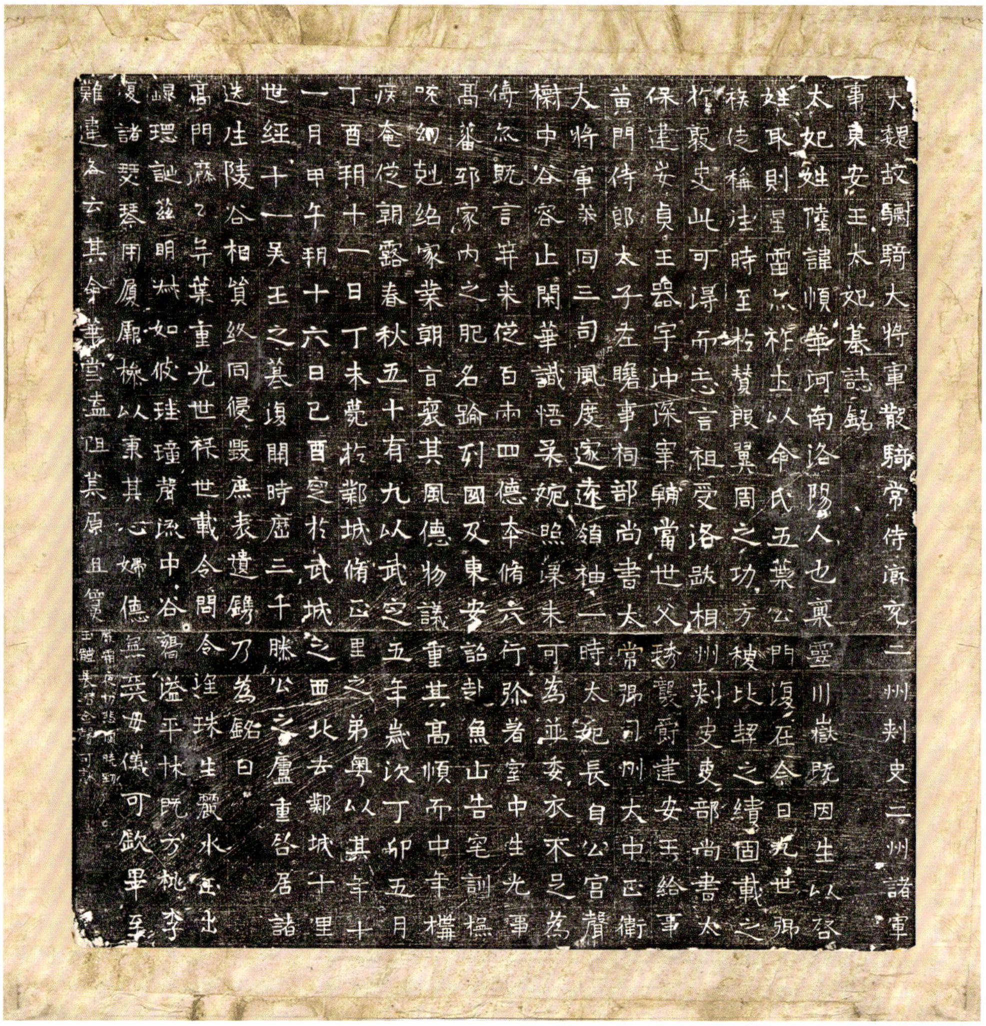

局部

民国 拓东魏《刘懿墓志铭》拓片

长57.6厘米　宽58厘米
1953年安康当地士绅捐赠

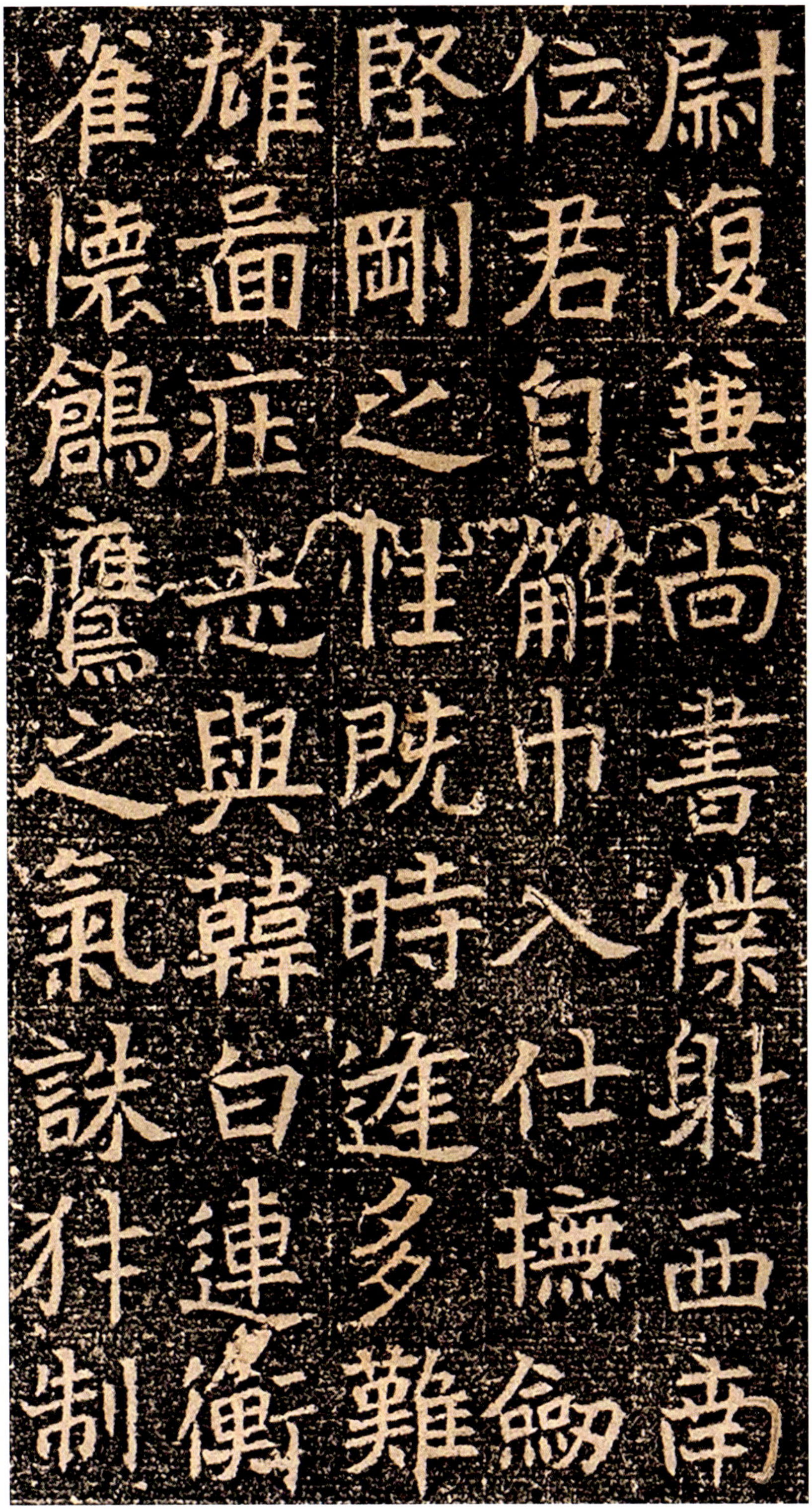

尉復焦尚善傑射西南
位君自解巾入仕撫卹
堅剛之性既時逢多難
雄畫症志與韓白連衡
准懷鵾鷹之氣誅狂制

民国 拓东魏《王僧墓志铭》拓片

长55.3厘米　　宽49.7厘米
1953年安康当地士绅捐赠

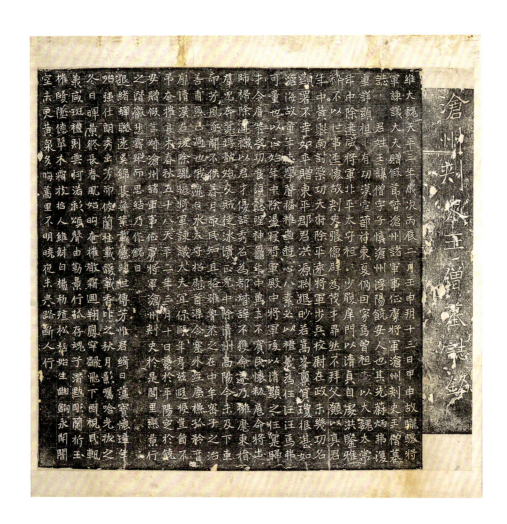

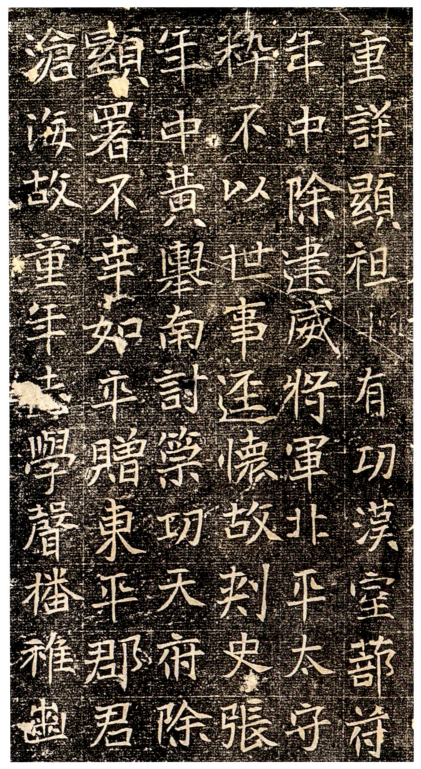

局部

民国 拓北齐《李玉婍墓志铭》拓片

长66.7厘米　宽66.7厘米

1953年安康当地士绅捐赠

局部

民国 拓北周《贺屯植墓志铭》拓片

长37.8厘米　宽38厘米

1953年安康当地士绅捐赠

安康博物馆馆藏拓本精粹

· 第三部分 隋唐墓志拓本

清 拓隋《□长威墓志铭》拓片

长44厘米　宽61厘米
1953年安康当地士绅捐赠

而不寬英馨著孝敬基於自然之節至如揮戈

局部

民国 拓北周《巩宾墓志铭》拓片

长64厘米　宽64厘米

1953年安康当地士绅捐赠

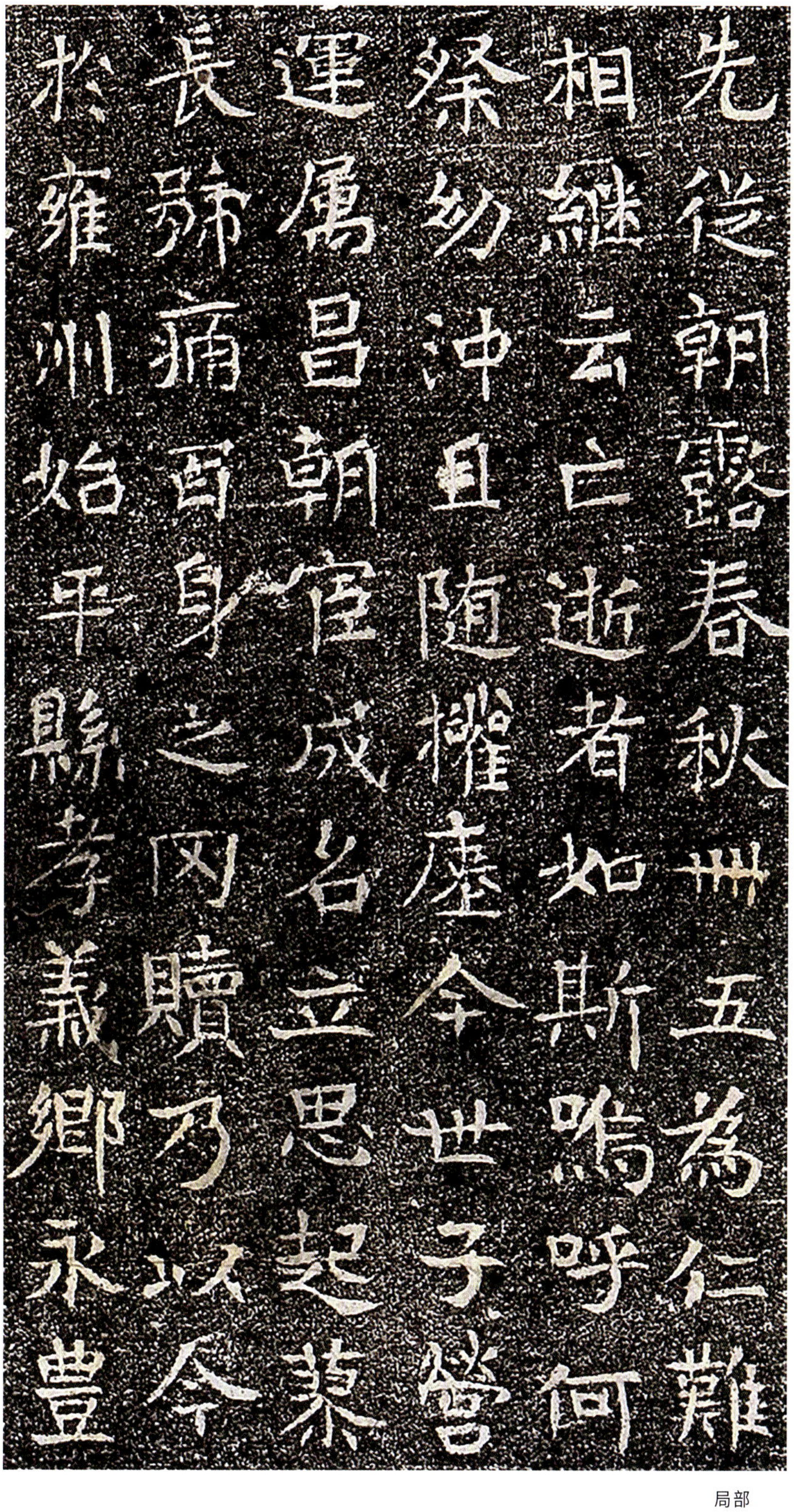

先從朝露春秋卅五為仁難
相繼云亡逝者如斯嗚呼何
榮勿沖且隨權塵今世子營
運屬昌朝宦成名立思起菜
長篩痛百身之囚贖乃以今
於雍痛始平縣孝義鄉永豐

民国 拓北周《姜明墓志铭》拓片

长58厘米　宽54厘米

1953年安康当地士绅捐赠

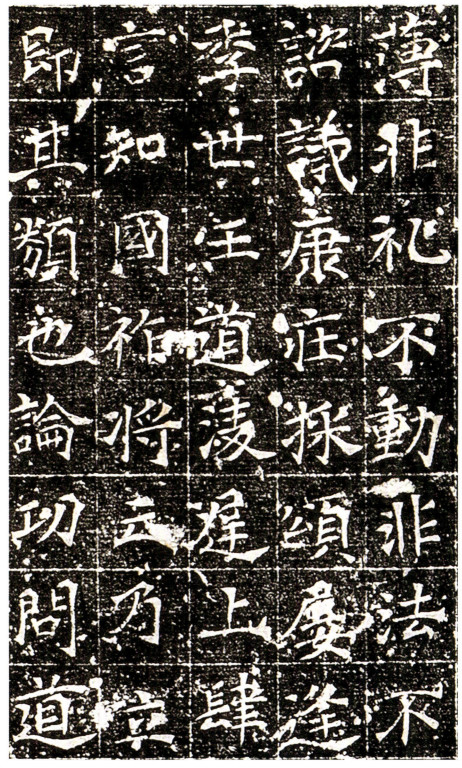

局部

遷物元
窆之和
于所四
迁歲年
陽也至

局部

民国 拓隋《苏慈墓志铭》拓片

长83.5厘米　宽82.7厘米
1953年安康当地士绅捐赠

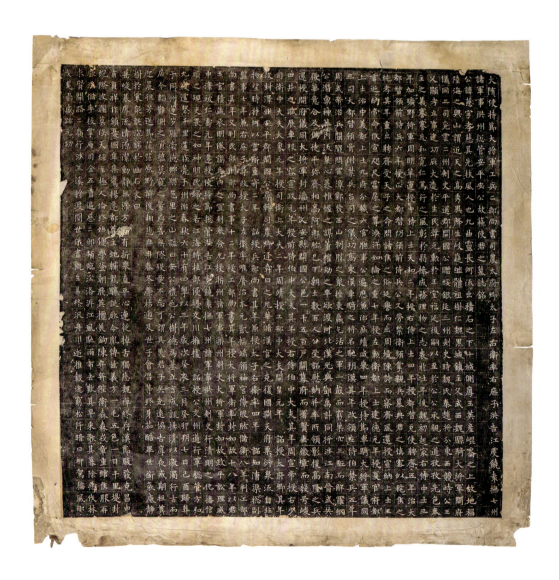

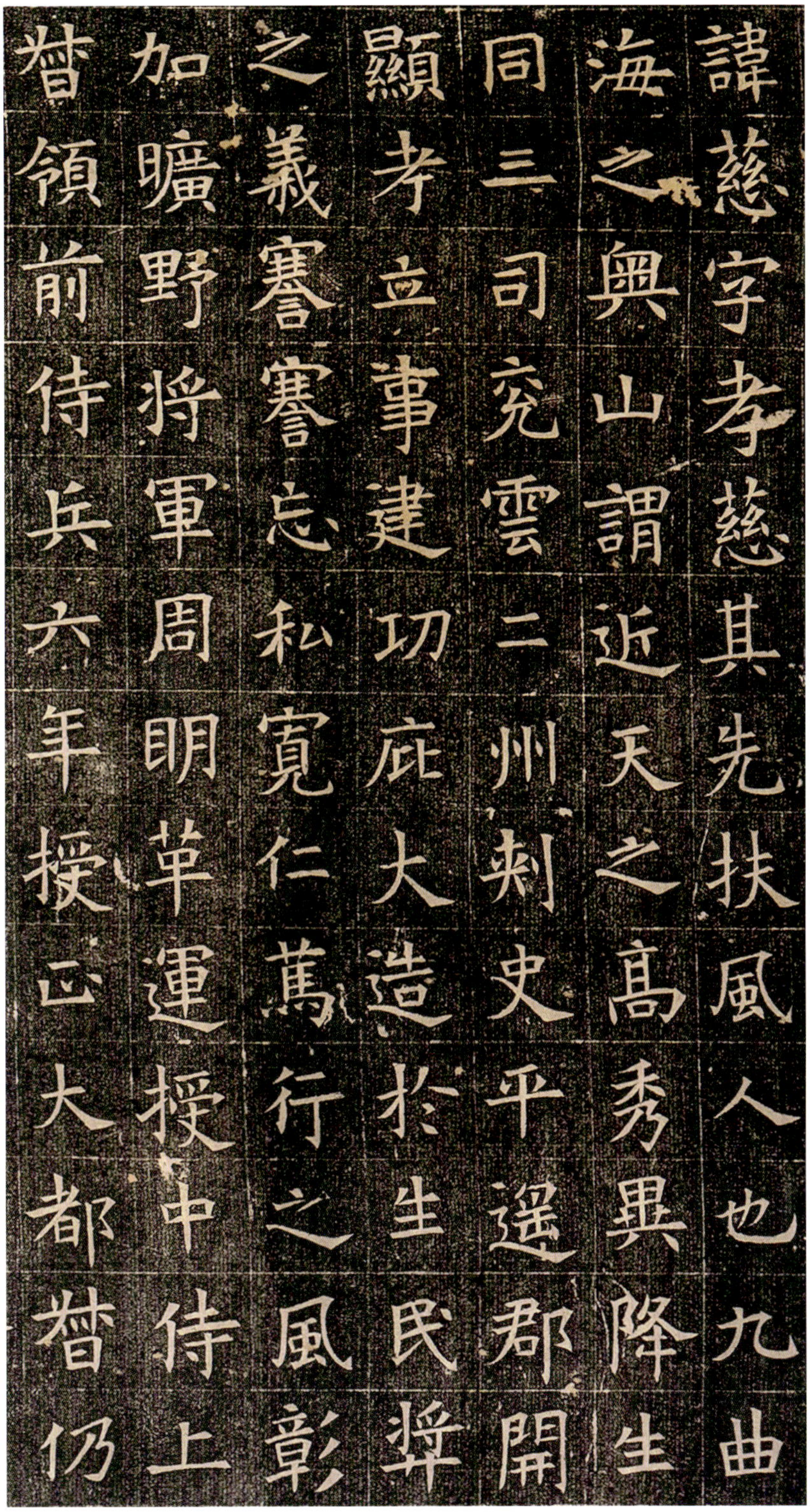

讳慈字孝慈其先扶风人也九曲
海之兴山谓近天之高秀异降生
同三司兖云二州刺史平遥郡开
显考立事建切庇大造於生民举
之义骞骞忘私宽仁万行之风彰
加旷野将军周明革运授中侍上
昔领前侍兵六年授正大都替仍

局部

民国 拓隋《萧玚墓志盖》拓片

长47.5厘米　宽48.5厘米
1953年安康当地士绅捐赠

局部

民国 拓隋《萧玚墓志铭》拓片

长58.5厘米　宽59厘米

1953年安康当地士绅捐赠

局部

民国 拓隋《蕲州刺史李君墓志盖》拓片

长55厘米　宽51厘米

1953年安康当地士绅捐赠

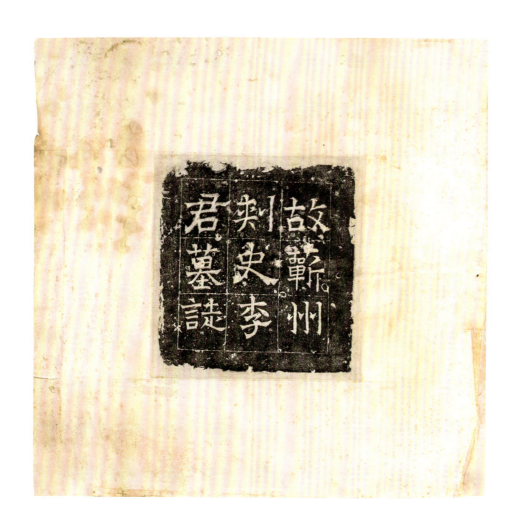

局部

民国 拓隋《李则墓志铭》拓片

长42厘米　宽42厘米
1953年安康当地士绅捐赠

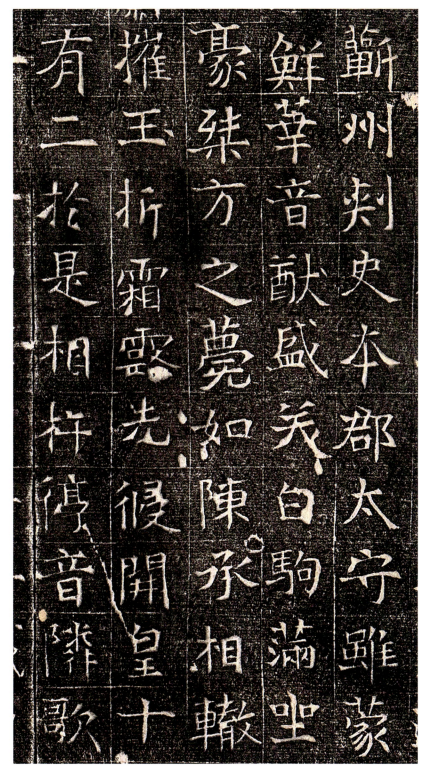

局部

民国 拓隋《皇甫深墓志铭》拓片

长63厘米　宽53厘米

1953年安康当地士绅捐赠

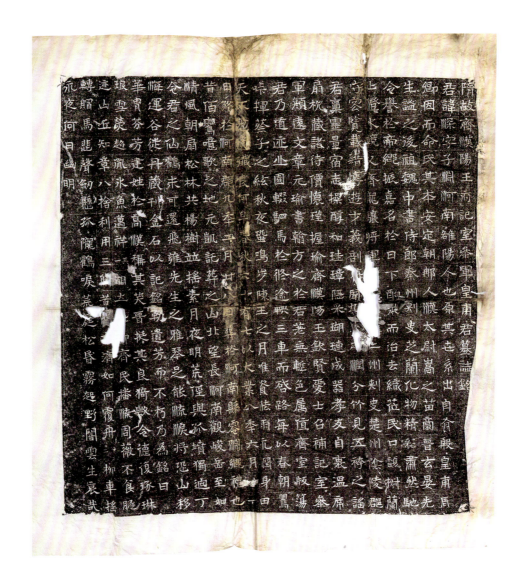

局部

民国 拓隋《建州平安郡守谢府君墓志盖》拓片

长62厘米　宽52厘米
1953年安康当地士绅捐赠

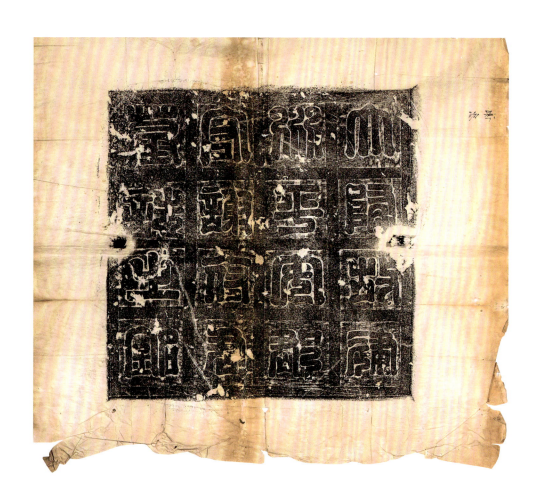

局部

民国 拓隋《董美人墓志铭》拓片

长51厘米　宽49厘米
1953年安康当地士绅捐赠

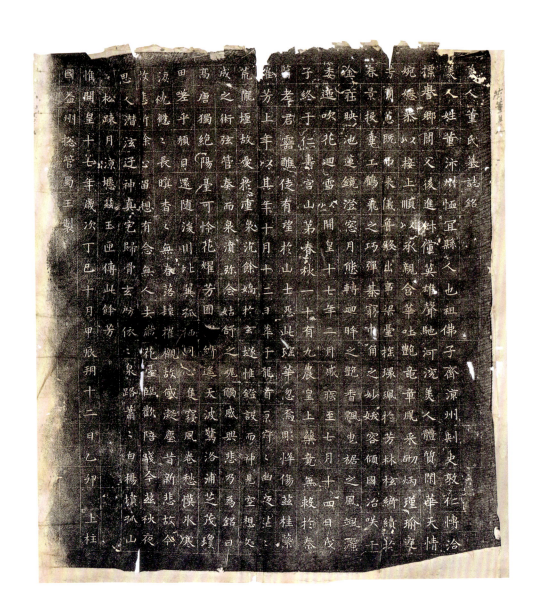

局部

民国 拓隋《尉富娘墓志铭》拓片

长46厘米 宽43厘米
1953年安康当地士绅捐赠

局部

民国 拓隋《张景略墓志铭》拓片

长45厘米　宽43厘米

1953年安康当地士绅捐赠

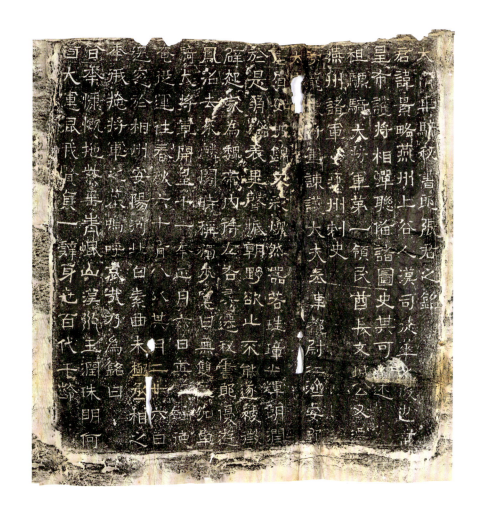

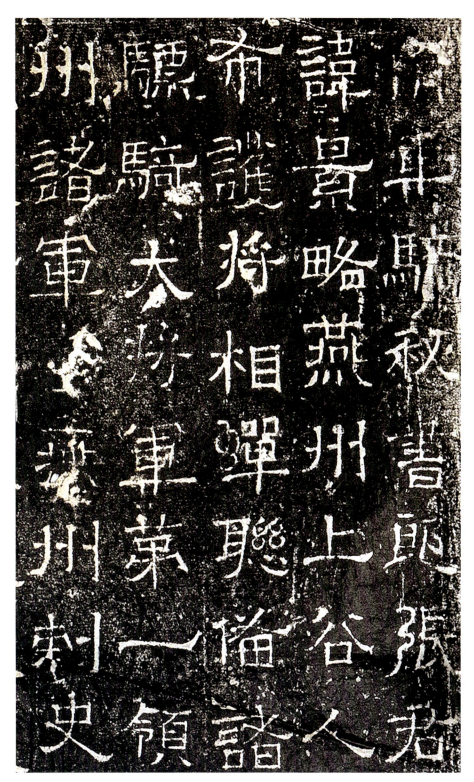

局部

民国 拓隋《张盈墓志铭》拓片

长56厘米　宽52.5厘米

1953年安康当地士绅捐赠

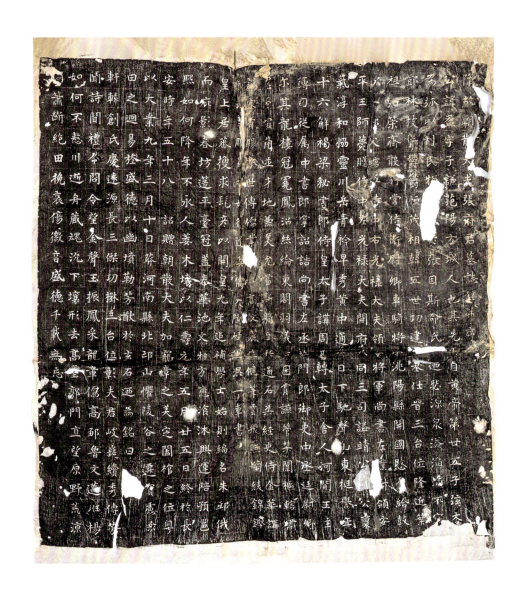

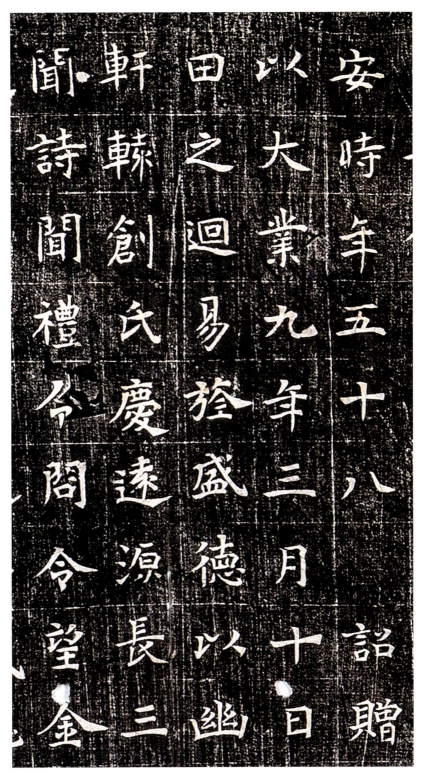

局部

民国 拓隋《主簿吴君墓志盖》拓片

长73厘米 宽58厘米
1953年安康当地士绅捐赠

局部

民国 拓唐《韦府君墓志盖》拓片

长63厘米　宽62厘米
1953年安康当地士绅捐赠

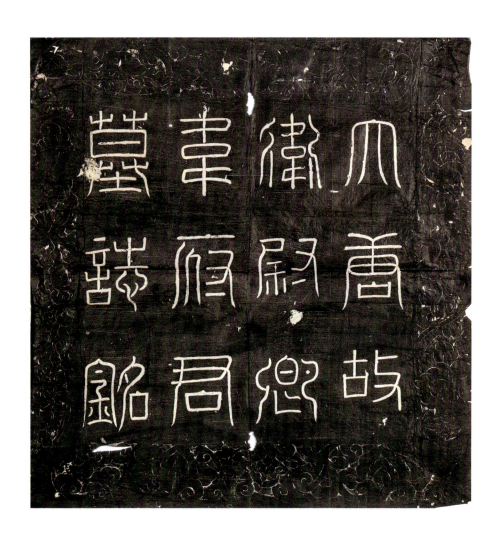

局部

民国 拓唐《李府君墓志盖》拓片

长46厘米　宽40厘米

1953年安康当地士绅捐赠

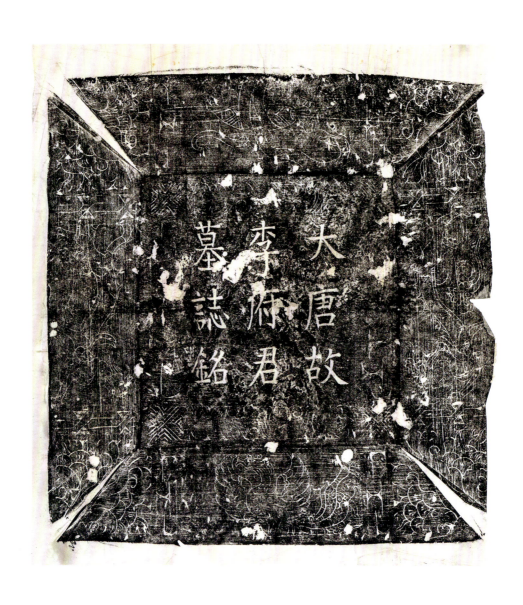

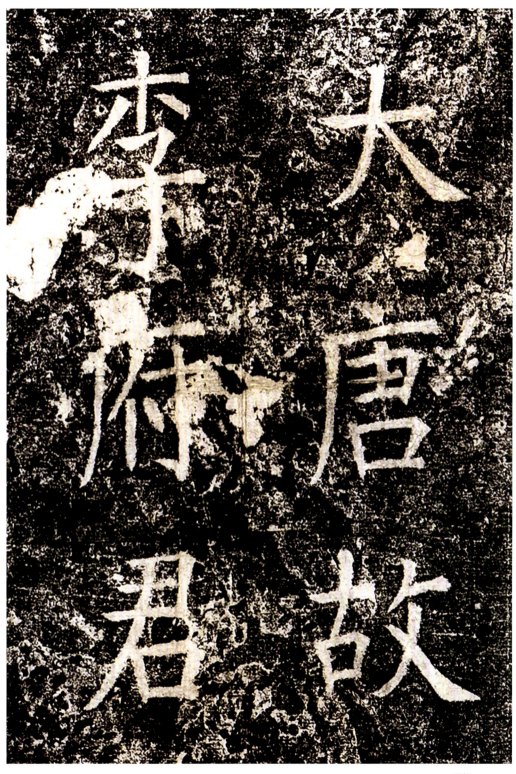

局部

民国 拓唐《刘杨氏墓志铭》拓片

长76.5厘米　宽76.5厘米
1953年安康当地士绅捐赠

上柱國賜緋魚袋皆簪組傳榮芾冠弈
常侍公之長女也坤靈毓質蘭畹挺姿
管絃精蔡氏之賦婉孌含貞宗族攸重
平昏劉公漢潤齋眉等貴合鴛聯輝
晨昏盥饋夙夜無違遽事舅姑益
固無慙德緣是閨門欝郁素履弥芳
百年之歡樂往悲來旋徵二豎之夢膏
以大和四年六月十一日卒于輔興里

局部

民国 拓唐《李辅光墓志铭》拓片

长91厘米　宽89.7厘米

1953年安康当地士绅捐赠

王府長史父思昱皇泾州仁賢府左果毅
氣懷恭敏建中歲　　　　　　　　德宗御宇時以
公特以良曹入侍元自身內養俄屬皇
緑超授奚官局令勳　　元從之号其年又遷掖
含天憲復命之日皆　　中機要遷內寺伯時有北
故事每一馬皆酬以轂十繍帛拒之即立為邊
使迎之朔陲諭以信　實公領之際虜不敢欺必
所資安危是繫即　　　之於國可謂有大功矣
隅重事咸所委屬嶺嶠之南漸于海曰邕管地咸
萬衆　　　　　　王命稽擁逺于周歲隣道節使咸

民国 拓唐《关道爱墓志铭》拓片

长62厘米　宽61厘米

1953年安康当地士绅捐赠

局部

民国 拓唐《李氏殇女墓志铭》拓片

长38厘米 宽32厘米
1953年安康当地士绅捐赠

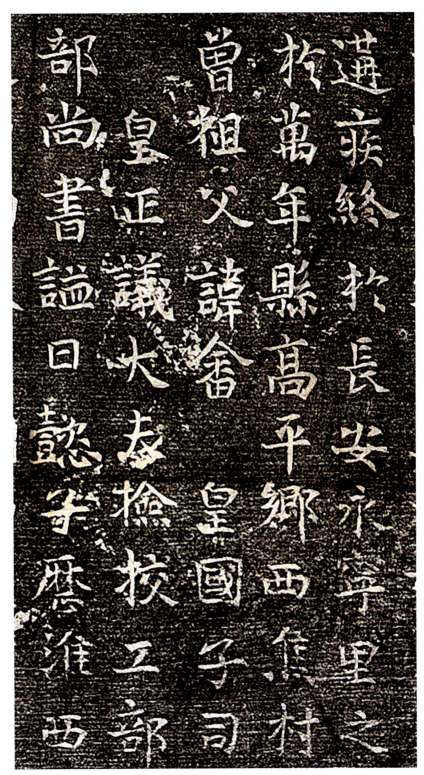

局部

民国 拓唐《马寿墓志铭》拓片

长48厘米　宽37.5厘米
1953年安康当地士绅捐赠

局部

民国 拓唐《邛都丞张客墓志铭》拓片

长56.5厘米　宽55厘米
1953年安康当地士绅捐赠

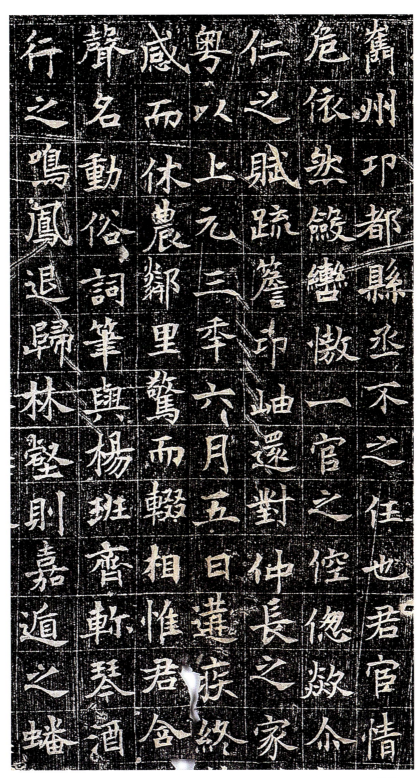

局部

清 拓唐《向氏夫人墓志铭》拓片

长62厘米　宽55厘米

左下角留白处钤朱文"托活洛氏端方藏石"印

1953年安康当地士绅捐赠

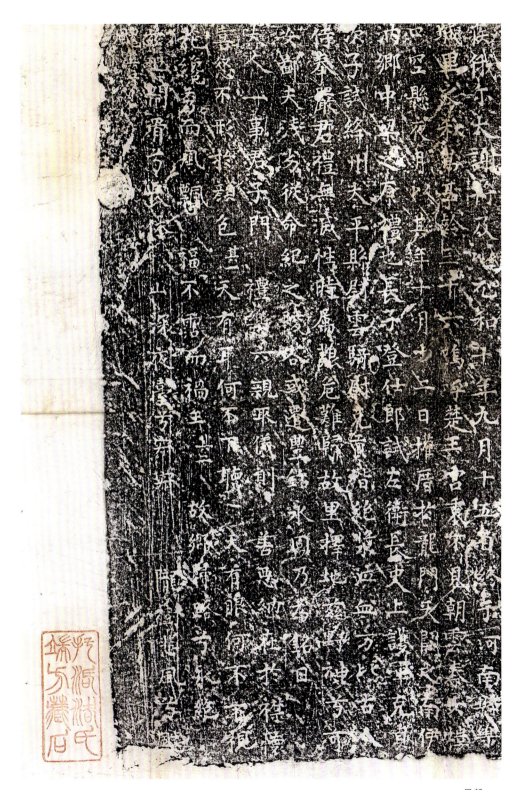

局部

民国 拓唐《新津县丞丘蕴墓志铭》拓片

长57厘米　宽54厘米

1953年安康当地士绅捐赠

局部

民国 拓唐《杨乂妻王氏墓志铭》拓片

长33厘米　宽33厘米

1953年安康当地士绅捐赠

局部

安康博物馆馆藏拓本精粹

· 第四部分 其他拓本

清 拓北宋《米芾焦山题记》拓片

长64厘米　宽56厘米

1953年安康当地士绅捐赠

·第四部分 其他拓本

局部

清 拓北宋壮观亭别刻本《瘗鹤铭》拓片

长63厘米　宽30厘米
1953年安康当地士绅捐赠

局部

民国 拓北宋《苏东坡行书横幅》拓片

长200厘米 宽33厘米
1953年安康当地士绅捐赠

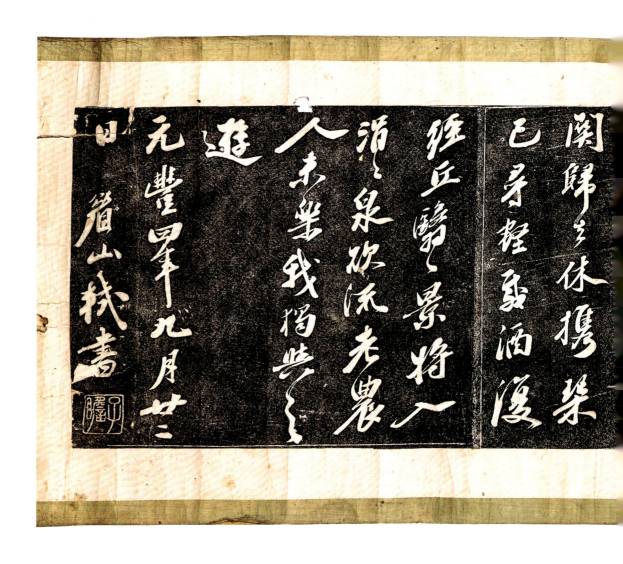

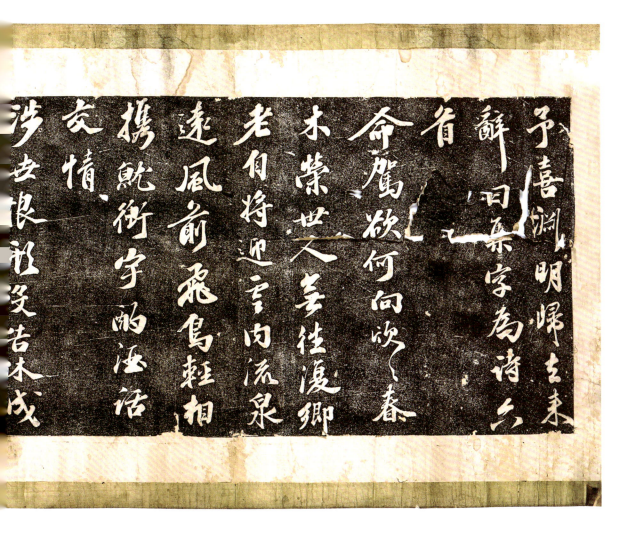

予喜淵明歸去來
辭因采字為詩六
首
命駕欲何向欣欣春
木榮世人善往還鄉
老有將迎雲內流泉
遠風前飛鳥輕相
攜欣衒宇酌酒話
交情恨祖役苦木成
涉去恨祖役苦木戌

夫良欣㦲歸路
不復向迷途
猶菊行〻田欲蕪
情親有還往清話
引觴壺
與世不相入膝孰聊
盡歡風光歸笑
傲雲物寄游觀言
語疇㫖倦心懷良
稻安東皋清有趣
植杖日盤桓
雲岫不知遠中車

行復前僕夫尋
老木童子引清泉
鶴首猶傲丑委心
懷樂天農夫告春
事扶老向良田
世事兀吾予駕言
鄉語尋問時逆有
命之日悟息亭
內歸滄海憶前風
入祭寓乃知已老
楷末倦登路

民国 拓南宋岳飞《前出师表》拓片

每条长218厘米　宽54厘米
1953年安康当地士绅捐赠

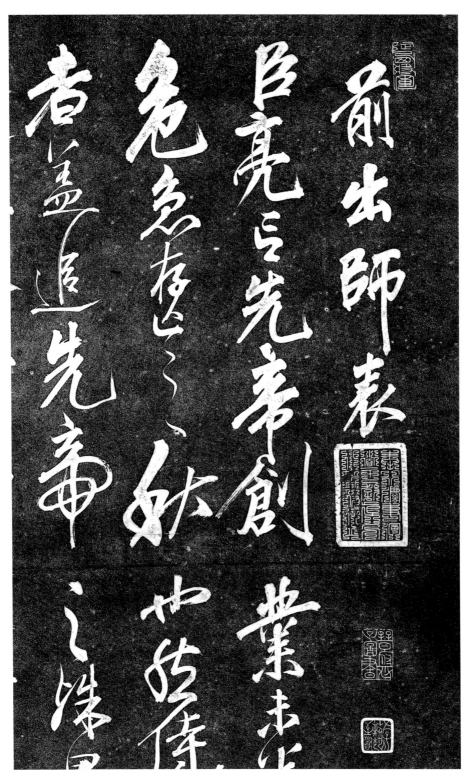

局部

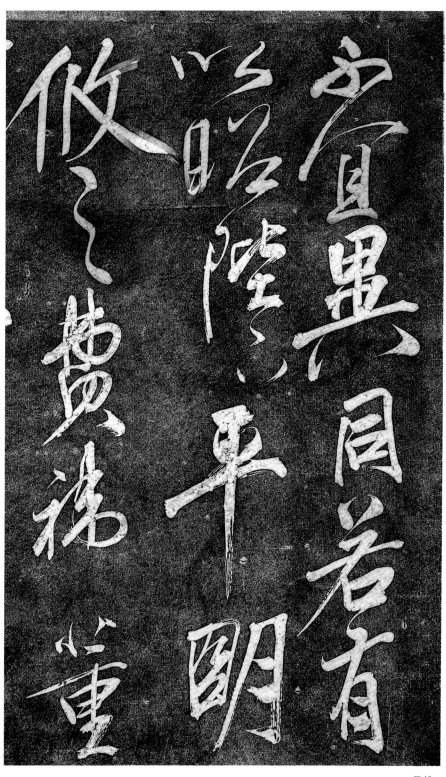

局部

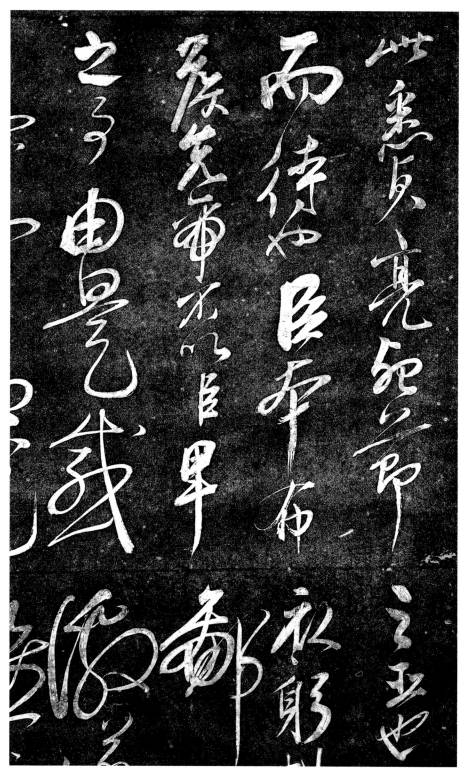

局部

民国 拓南宋岳飞《后出师表》拓片

每条长218厘米　宽54厘米
1953年安康当地士绅捐赠

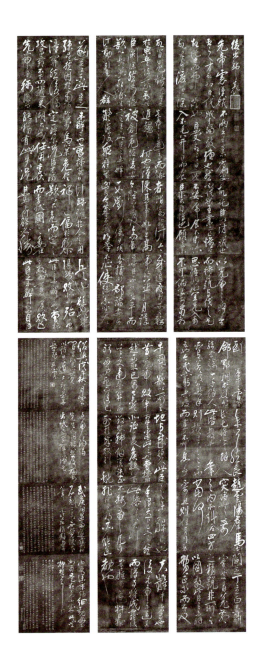

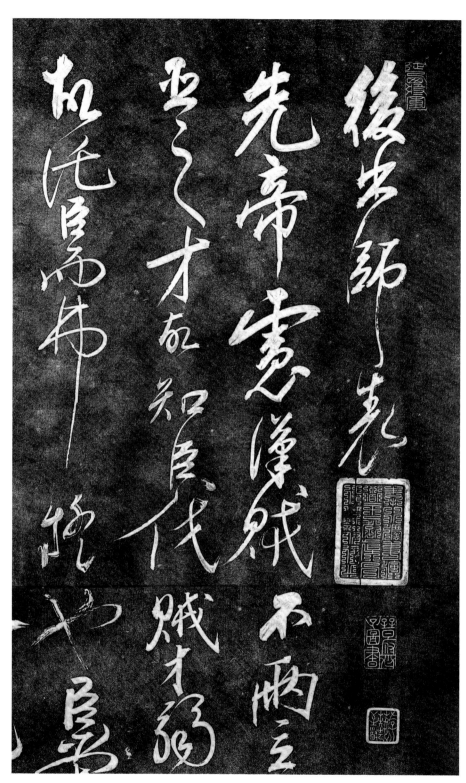

局部

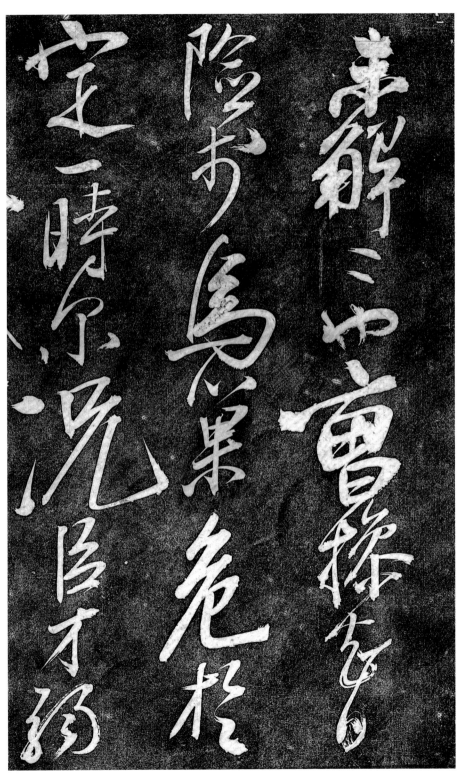

局部

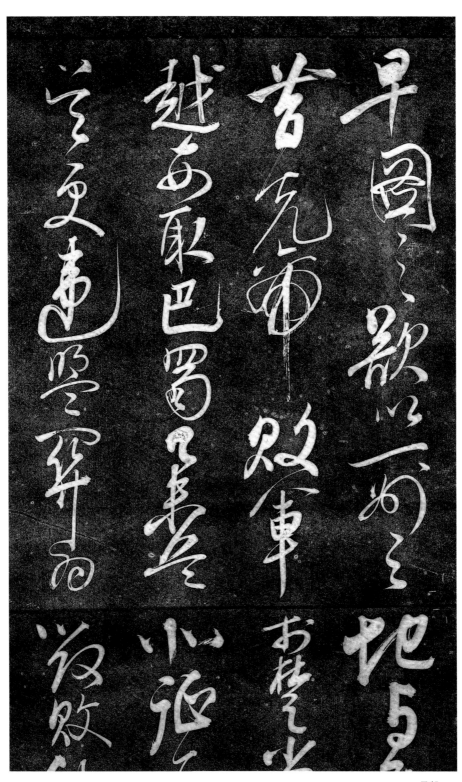

局部

民国 拓清张润《英雄得萃图》拓片

长134厘米　宽39厘米

1953年安康当地士绅捐赠

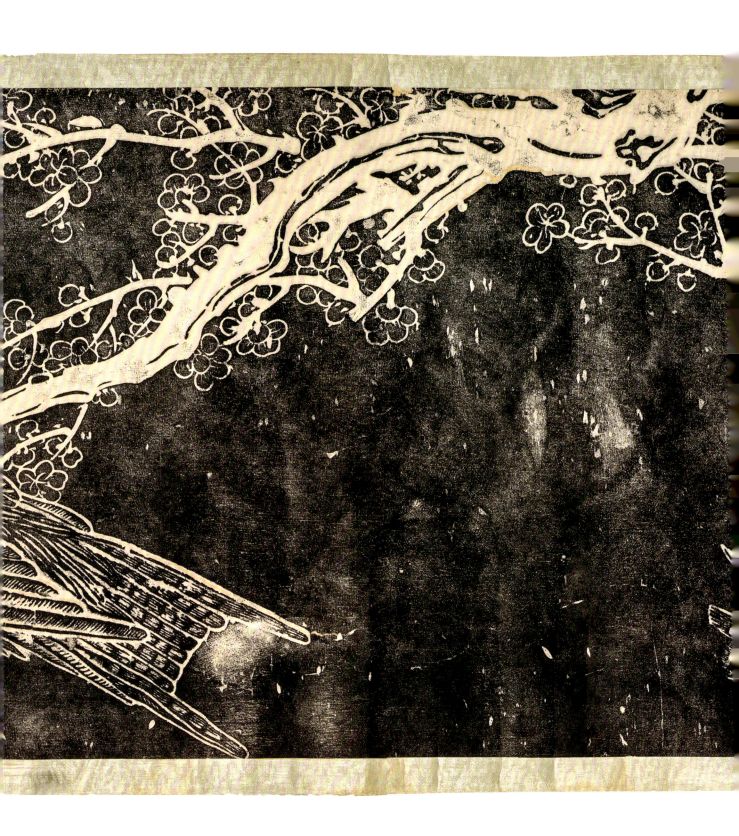

民国 拓清陈孝卿《青铜器铭》拓片

每条长131厘米 宽30.6厘米

1953年安康当地士绅捐赠

第四部分 其他拓本

民国 拓清朱集义《松鹤图》拓片

长184厘米　宽79厘米
1953年安康当地士绅捐赠

第四部分 其他拓本

民国 拓清郑板桥《墨竹图》（一）拓片

每条长123.5厘米　宽33.5厘米

1953年安康当地士绅捐赠

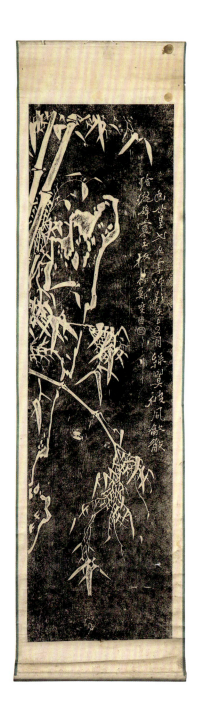

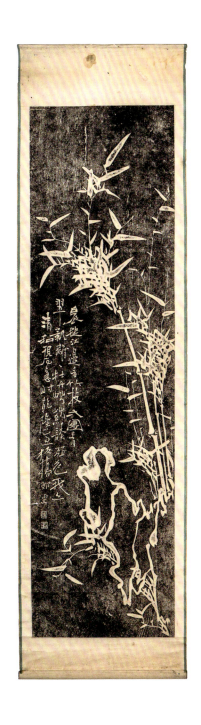

民国 拓清郑板桥《墨竹图》（二）拓片

每条长150厘米　宽40厘米
1953年安康当地士绅捐赠

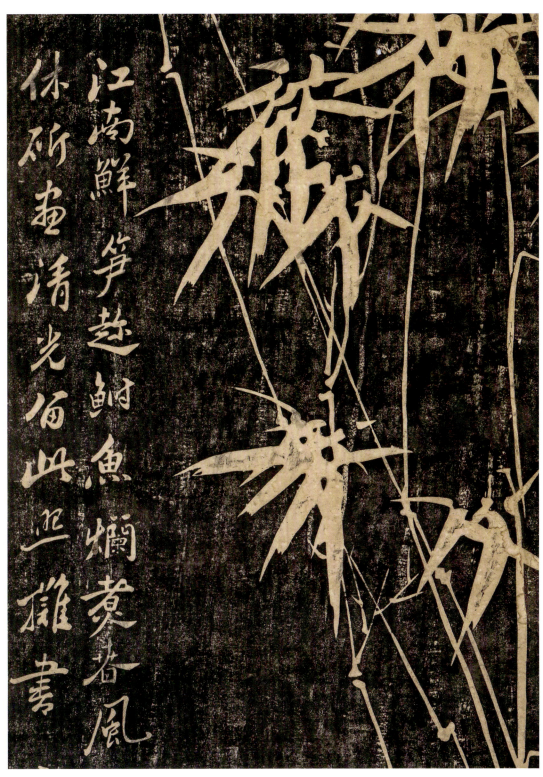

局部

民国 拓清郑板桥《道情》拓片

每条长150厘米　宽40厘米

1953年安康当地士绅捐赠

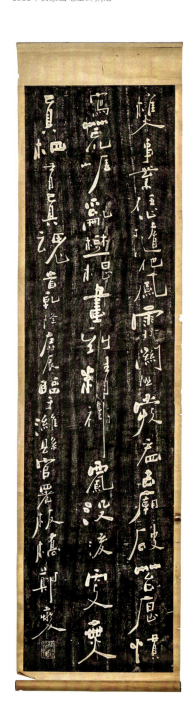
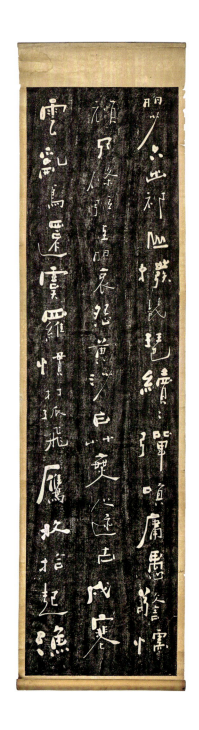

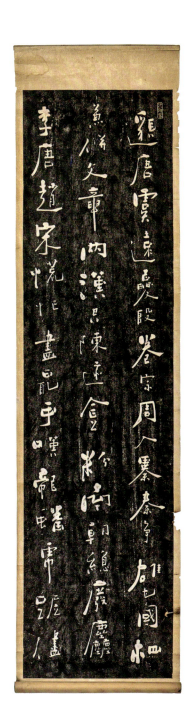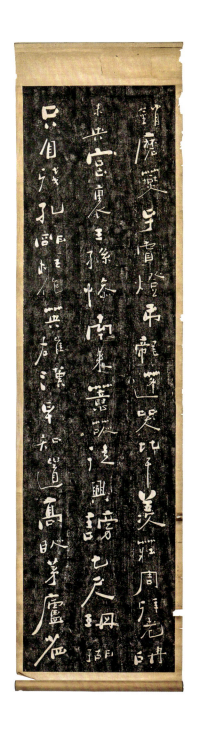

民国 拓清《平利洛河教案碑》拓片

长121厘米 宽72厘米
1953年安康当地士绅捐赠

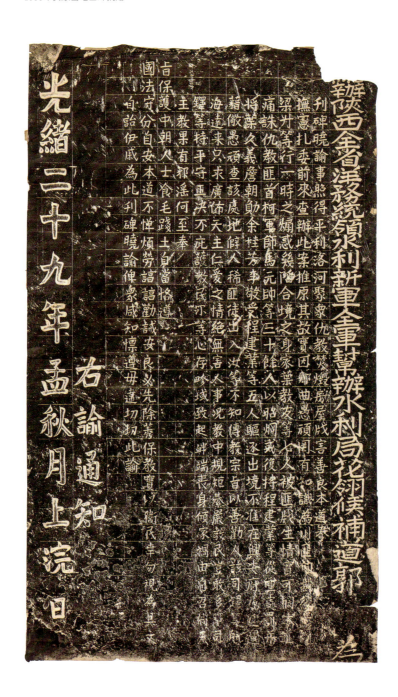

鐸	海	藉	將	痛	梁	撫	刊
等	遠	徹	葉	誅	卅	憲	碑
特	來	愚	久	仇	等	扎	曉
平	只	頑	義	教	行	委	諭
守	求	查	詹	匪	一	前	事
正	廣	該	朝	首	時	來	照
決	佈	處	勛	柯	之	查	得
不	天	地	余	軍	煽	辦	平
庇	主	僻	桂	師	惑	此	利
護	仁	人	芳	馬	幾	案	洛
教	愛	稀	李	元	陷	推	河
民	之	匪	敬	帥	合	原	聚
尔	情	徒	受	等	境	其	眾
等	絕	出	程	三	之	故	仇
心	血	入	建	十	身	實	教

局部

Ankang Museum:
Selected Masterpieces From
Rubbing Collection

安康博物馆
馆藏拓本精粹

下卷

安康博物馆 编
施昌成 主编

西北大学出版社
·西安·

舊拓衛景武公碑	北齊河清三年合邑造像 附齊一百人造像	魏四寇墓誌合本	唐伊闕佛龕碑 仲唐署□		舊拓□□三□□

漢開母廟石闕銘碑

安康博物馆馆藏拓本精粹

· 第五部分 册 页

民国 拓《泰山残石等合装》拓本册页

长28.5厘米　宽18厘米
1953年安康当地士绅捐赠

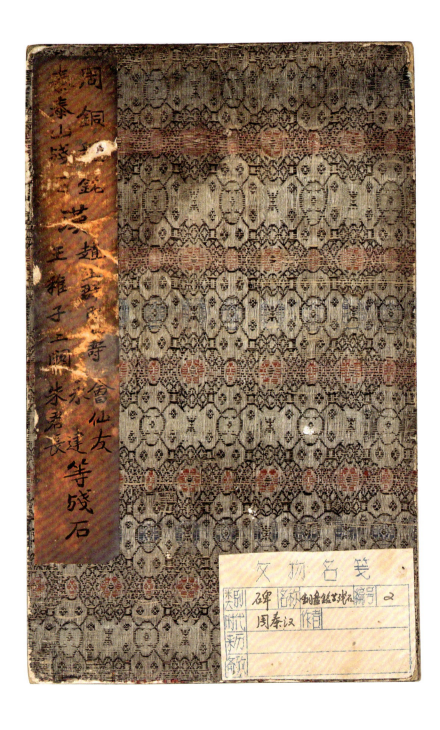

局部

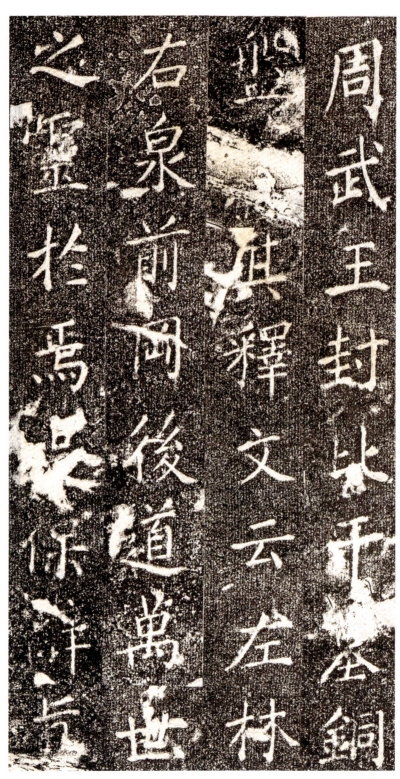

局部

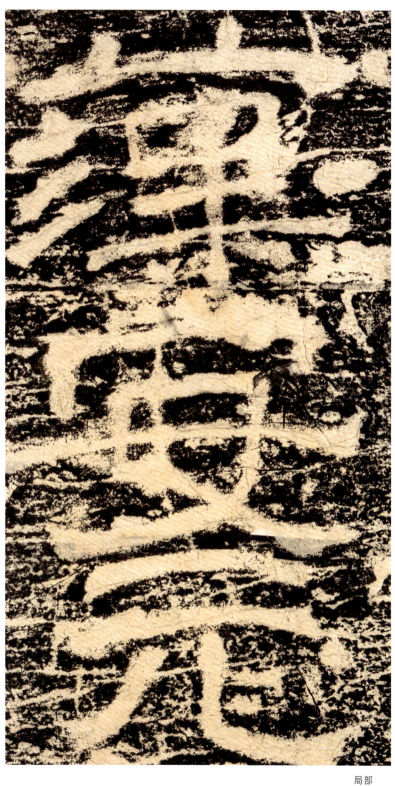

局部

民国 拓《汉桐柏淮源庙碑》拓本册页

长29厘米　宽18.5厘米
1953年安康当地士绅捐赠

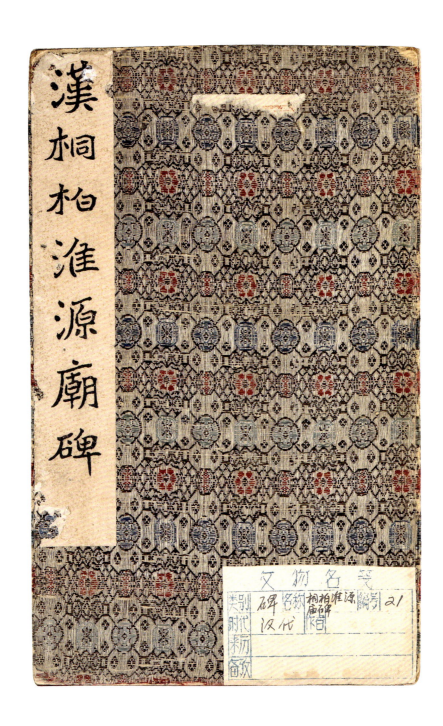

局部

局部

局部

民国 拓《汉衡方之碑》拓本册页

长32厘米　宽20厘米

1953年安康当地士绅捐赠

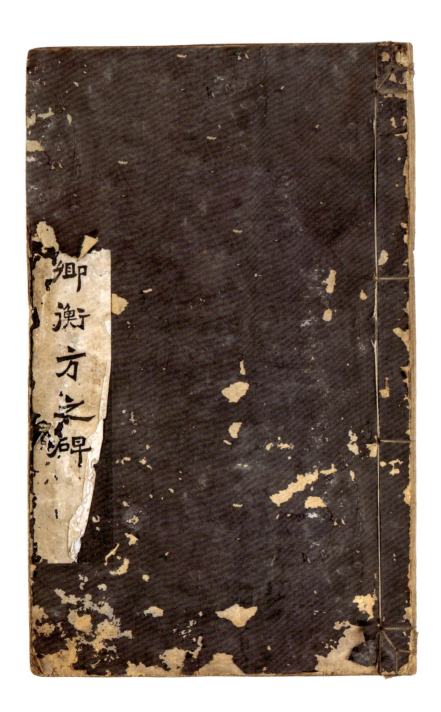

局部

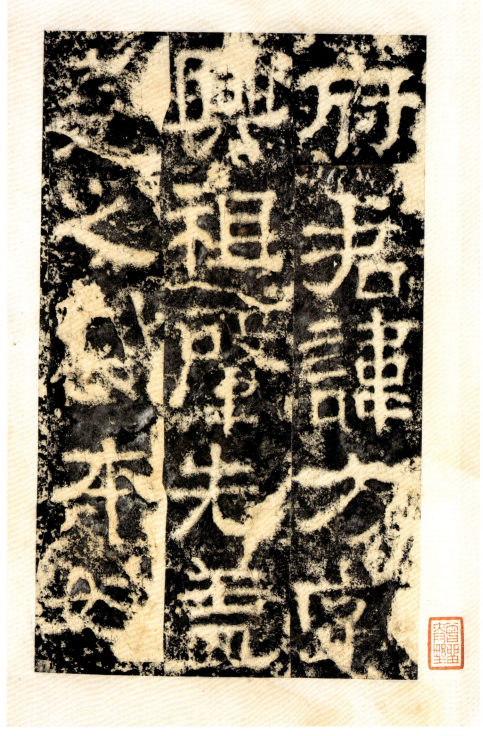

局部

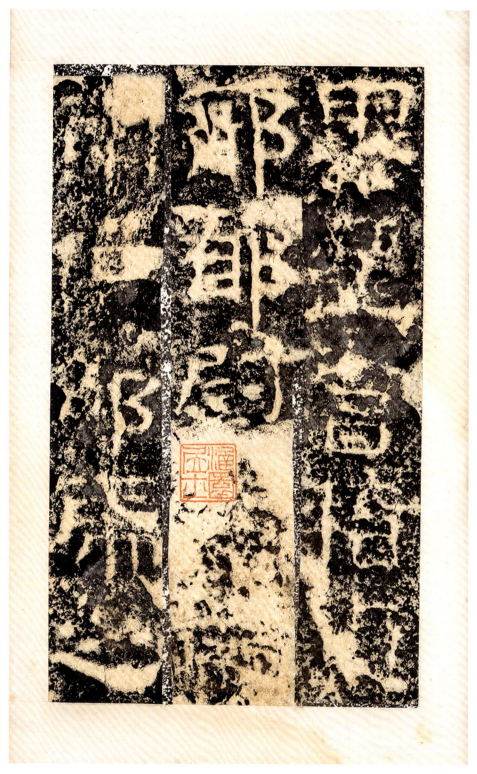

局部

民国 拓《汉白石神君碑》拓本册页

长29.3厘米　宽18厘米
1953年安康当地士绅捐赠

白石神君碑

盖聞經國序民其急於禮禮有五經莫重於祭祭有二義益祈或報郭山

先据王類帝禋宗望于山川遍于羣神建立兆域脩設

壇屏所以昭孝息民輯寧上下也白石神君居九山之殷禁三條之壹兼

將軍之帥厥𥧌感體連封龍氣通北嶽幽讚天地長育萬物觸石而

出膚寸而合不終朝日而澍雨沾洽前後國縣屢有祈請指日射期應時而

有驗猶自抱損不求禮秩縣界有六名山三公封龍靈山先得法食去元和

四年三公守民盖高等始名無極山詣大常法食相縣以白石神君道

德灼然乃具載本末上尚書依次無極為比即見聽許於是遂開拓舊兆

改立殿堂營宇既定禮秩有常縣出經用奉其珪璧粢盛

百酒欣欣燔炙芬芬敬恭明祀段故天無伏陰地無鬲陽水無

沈氣人無菑孽物無害用能先遠宣朗顯融昭明丰穀歲就

百姓豐盈栗𥝠其戴國東安寧尒乃跡景山登峰嶺采𥱷石勒為銘其辭曰

局部

局部

局部

民国 拓《汉石门颂》拓本册页（上下册）

长31.4厘米　宽20.3厘米
1953年安康当地士绅捐赠

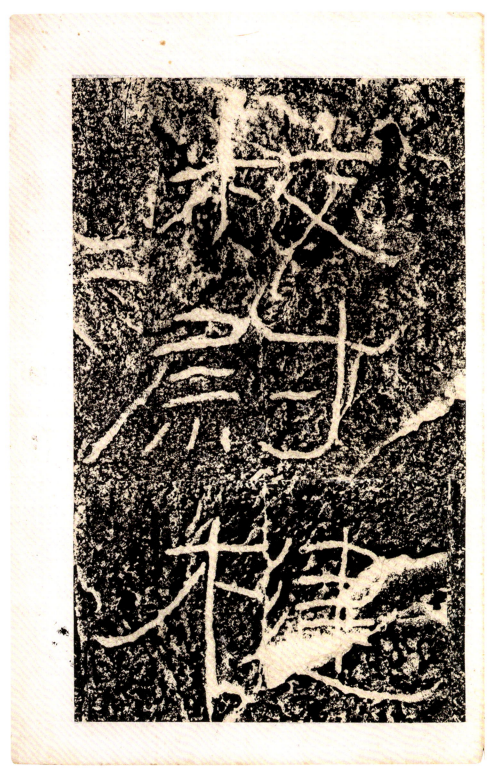

局部

局部

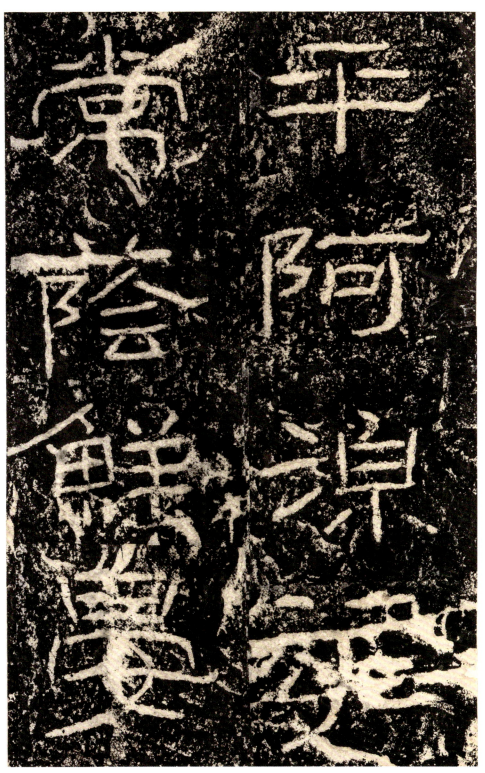

局部

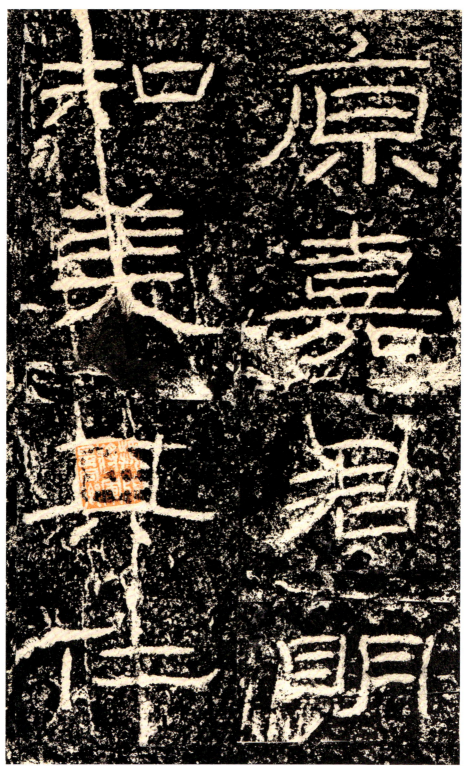

局部

惟坤灵定位川泽股躬泽有所注川有所通余谷之川
其泽南隆八方所达益域为充
高祖受命兴于汉中道由子午出
建定帝位以汉诋焉后以子午谷路崄难更随围谷复
通堂光凡四道垯高光葜至于永平其有四年诏书
开余鑿通石门中遭元二西夷虐残桥梁断绝子午
復循上则县峻屈曲深滎元二西夷虐残桥梁断绝子午阿涼
余鑿通石门中遭元二西夷
荀菪鲜晏木石相距利磨确阶临危枪砀履尾心寒
常阴鲜晏木石相距
泥常阴
復循上则县峻屈曲深
興轻骑遽景弗督帝惡
苗夫残终岁不登匮馁之惠困者楚愍尊者弗安
之难笃可量言於是明知故司隶校勅桓为武阳杨君
廉字孟文深朝忠侭毅上奏请有司议骹君迩朝争百

局部

遭咸狄帝用是聽廢子由斯得其庚經功餝爾要敬布
憂平清涼調和丞仁女寧至建和二年仲冬上旬漢中
大由捷為武陽王升字稚紀沙楚山道推序木原嘉君
明知美其仕賢勤右頌德以明廄勳其靜日㡿奉魁承杓綏
君德明上熵煥彌光封過拾遺廣清八㡿奉魁承杓綏
億衙彊春宣㽞思秋旣若霜無偏蕩上貞雅以方寧靜丞
庶政與乾通輔王匡君循禮有常咸曉地理知世紀綱言
火忠義匪石廄軍厭弘大前諫不盍明撲注㡿今謀合朝
情曄艱即安有勳者榮禽鑿龍門君其繼綏上順升極
下咎以皇自南自北四海波通君子安樂庶士悅雍商
人咸懷震夫永同春秋記異今而紀功要深憶孽世七
嘆誦序日明茲仁耜豫識難易原庚天道安危所歸勤

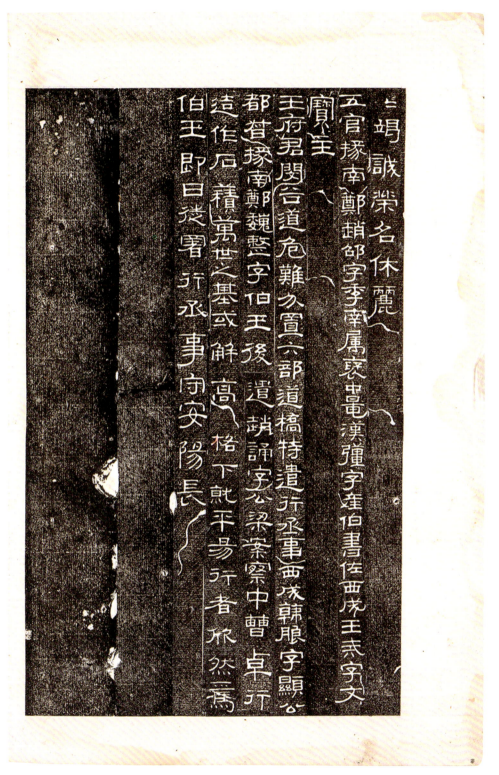

局部

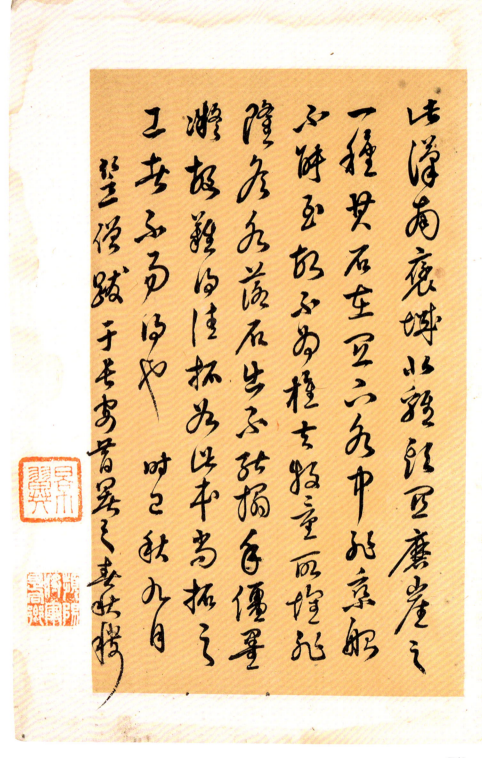

局部

石門

頌星三題

局部

石門

頌笙伯題

局部

民国 拓《汉执金吾武荣碑》拓本册页

长28.8厘米　宽18厘米
1953年安康当地士绅捐赠

局部

局部

靡不貫綜久游大學巍然
五官掾功曹守玄武次傚哀悲
桓大憂屯曹玄守從事來世
子敦煌長史之終於廉
德於始述行於是也刊
產資十卓茂仰高鑽堅

局部

也先生膺天衷聰睿朗
其器量弘深宋姿庚大浩
若乃岐節厲行直道正辭
搞時遂考覽六經探綜
汝文武陸拯撒言之未絕
望形表示景附聆嘉聲

局部

勤誨童穉爲用祛其蔽
能致葬公休之遂辟司徒
鳰厓之逗蹟紹巢許之絶
以高崎稟命永蝠享丰皿
月乙灰卒凡我四行之
相與惟先生之德以課㽞

局部

清 拓《汉开母庙石阙铭碑》拓本册页

长28.8厘米　宽18厘米
1953年安康当地士绅捐赠

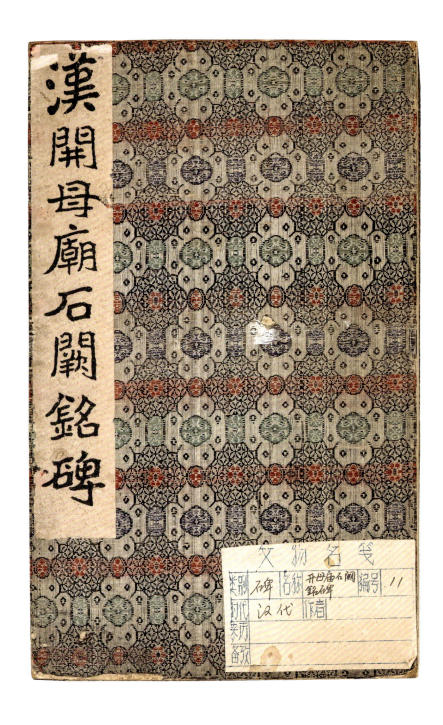

局部

清 拓《汉司隶校尉鲁峻碑》拓本册页

长29厘米　宽18厘米

1953年安康当地士绅捐赠

局部

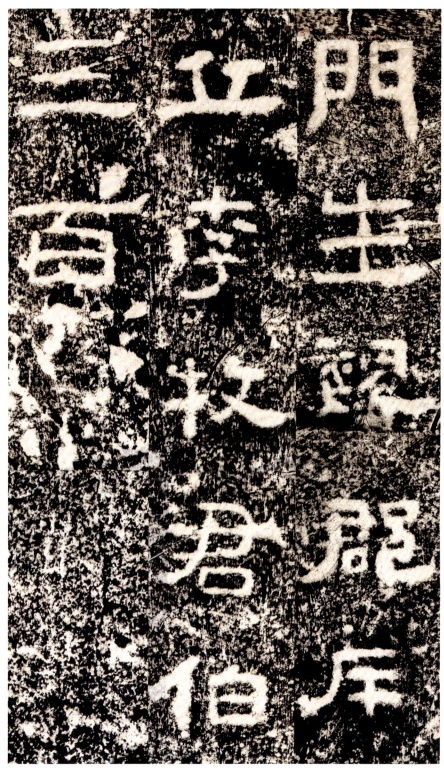

局部

漢故司隸校尉忠惠父魯君碑
君諱峻字仲巖山陽昌邑人火周交公之頃胄
作禽涊子祖去銘也君則臨營謂者之
孫脩武子體純綸之仁義之操詩甚
通顏口右秋始博覽群書靡物不采學為士
表漢始佐職牧恪恭倫州里歸掛舉孝
廉除郎中調者河內大守領父如禮司徒府舉
人侍御史東郡填止令視事四年吏縱豹產化行
如流遷江大守不殘酷之刑注之道統政
載蘇苦清風有黃霸名信臣左潁南之歌事
官休於未能一幕為司空王暢所舉徵拜議郎

大尉長史御史中丞延□月卯拜司隸校
尉董督京華學察羣實彌綸舉大權然疏發不為小
威震祗肅佞穢者遠遭母憂自乞□獨斷呂效其節安奏公彈繼五卿
騎校尉呂病位守疏廣止足之計樂於陵灌園之契還拜屯
開門靜□斑丰六十一薨元年月榮酉卒
明丰四月庚子葬於是門生沒南工□魏
郡馬朝勃□圖任城吳盛陳留誠屯東郡夏侯弘
等三百廿人□在□夏之徒佐諡宣己君事帝
則忠臨民則惠乃昭告神明諡君曰忠惠父
勿冠布孫承堂弗構所何悲蓁叢之不報痛昊天之

秋博覽羣書騎物不榤學為
住佐職牧𢛯恭倫州典
謂者河內大守襃父如禮
史東郡鎮止令視事四年
在大守不殘酷之刑肇吏
風有黃霸名信臣左穎南
未能一幕為司空王暢所

局部

清 拓《汉仓颉庙碑》拓本册页

长29厘米　宽18.2厘米
1953年安康当地士绅捐赠

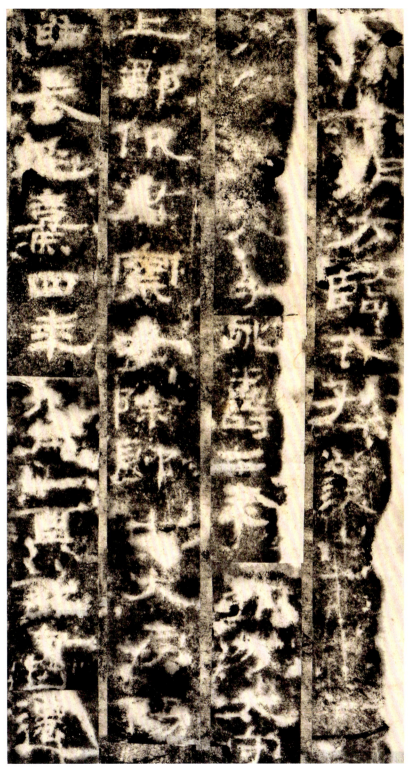

局部

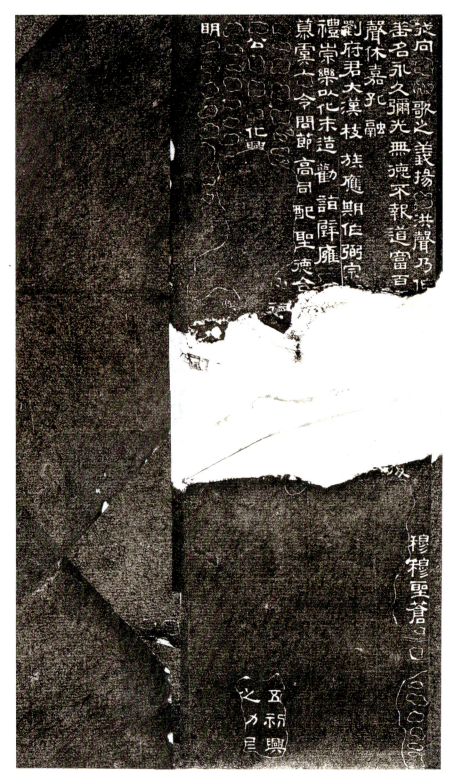

局部

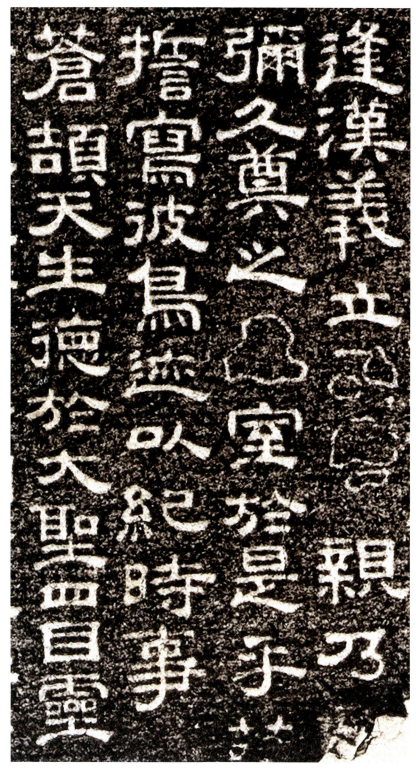

局部

清 拓《汉光和年三公山碑》拓本册页

长29厘米　宽18厘米

1953年安康当地士绅捐赠

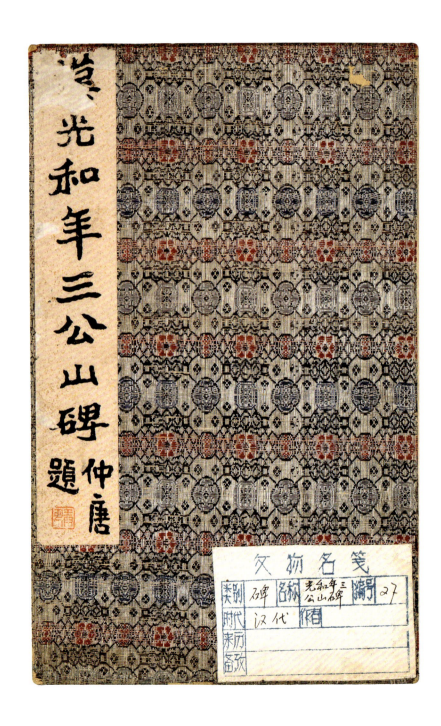

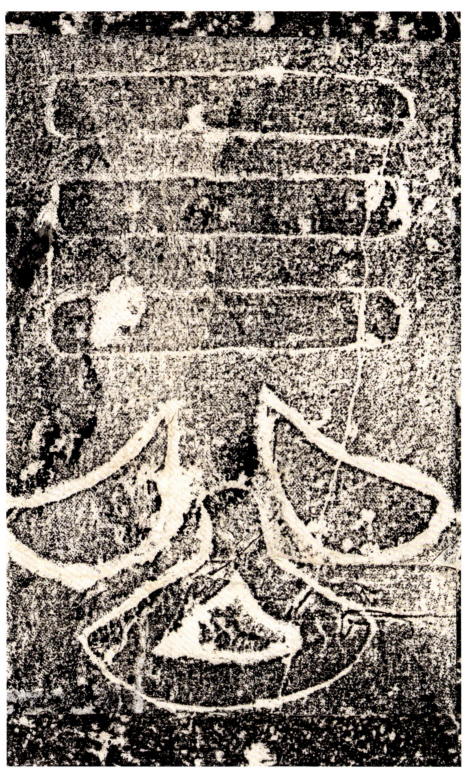

局部

局部

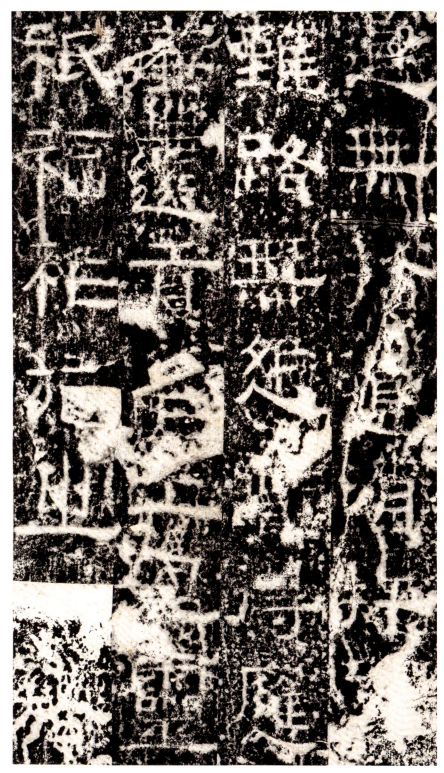

局部

清 拓《汉谒者沈君、新丰令沈君神道碑》拓本册页

长31.5厘米　宽20.5厘米
1953年安康当地士绅捐赠

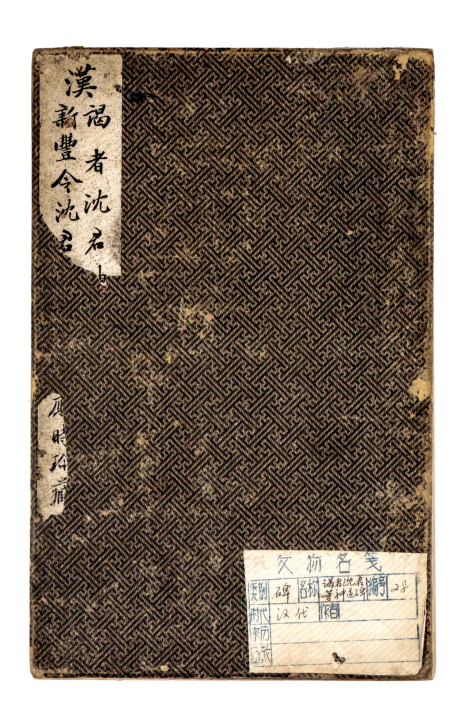

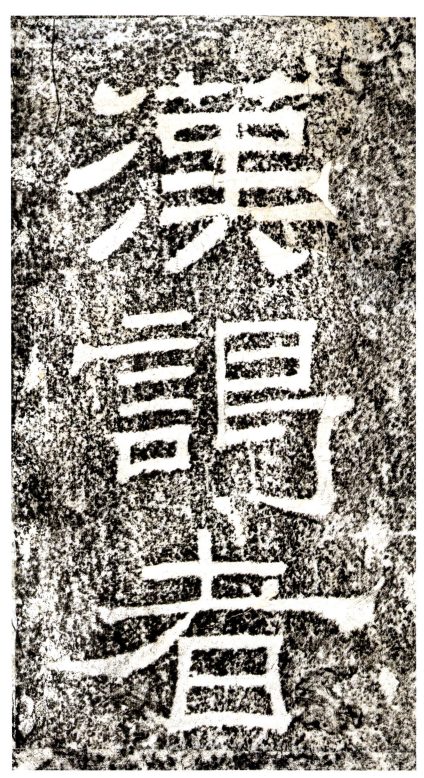

局部

局部

局部

第五部分 册 页

局部

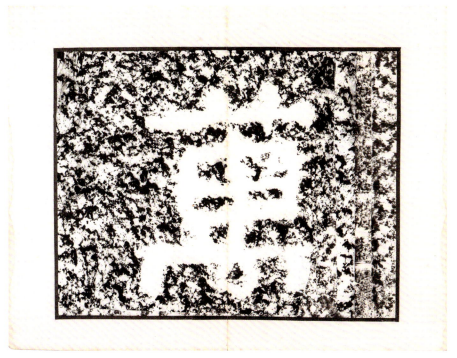

局部

清 拓《汉校官碑》拓本册页

长29厘米　宽18厘米
1953年安康当地士绅捐赠

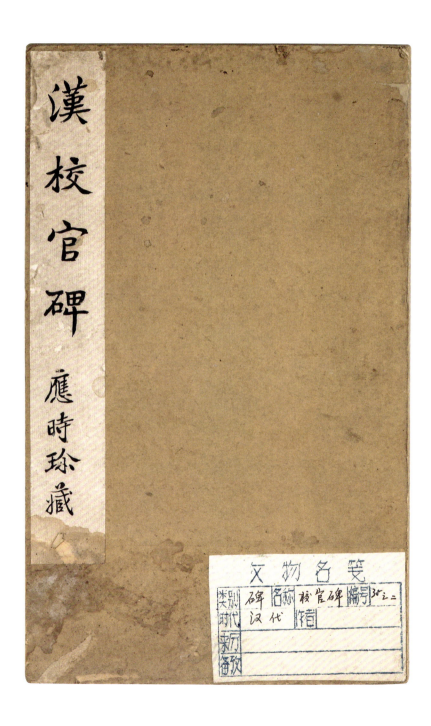

局部

清 拓《汉武都太守耿勋碑》拓本册页

长28.6厘米　宽18.3厘米
1953年安康当地士绅捐赠

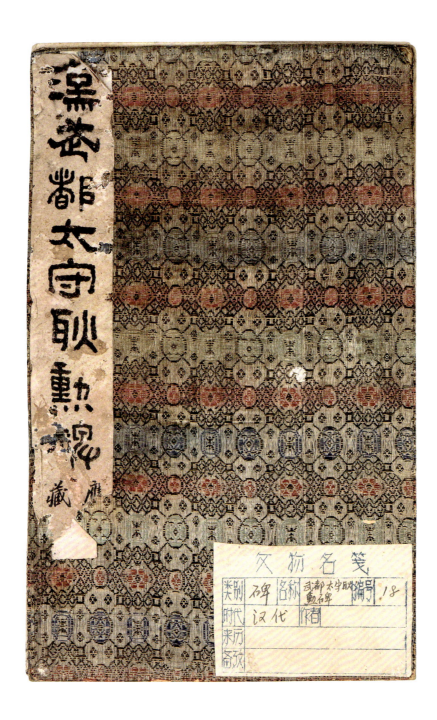

局部

清 拓《汉韩敕造孔庙礼器碑》拓本册页

长29厘米 宽18厘米
1953年安康当地士绅捐赠

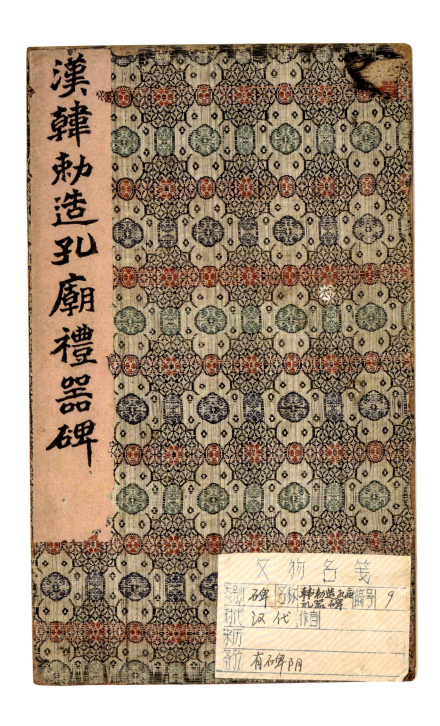

局部

惟永壽二年青龍在涒歎霜月之靈皇極之日眚相河南京韓君
追惟大古華胥生皇雄顏育孔寶得制元道首王不改孔子近
聖營漢定道㺯天王以下至于初學莫不驗思嘆印師鏡顏氏聖
喟家居魯親里開官聖妃左安樂里聖族之親禮所宜其寢顏氏
并官氏兒中齡說以尊孔念聖歷世禮樂遷泰項氏亂不尊
圖書悟真畔德離敗聖興食粮乞于沙山君於是造立禮器樂之
興朝車感熹宣抒玄汙以鮨鹿桓遶校禁壹頂餝宅廟更正二
㫺符鍾磬琵鼓雷先鮨厥邊校禁備帝不容上合蓺臺
楷之中和下合聖制事得禮儀以呈四方土仁聞君風耀敬咏歎
德尊琦大人之意違遣之思乃共立表石紀博禮載其文曰一所授
皇跡統葉骨拳天畫卦頡育突末孔制元李俱祖試官大一所授
府闔九頭以升官言教後制百王獲麟來吐制不空作承天乂之語乾
元以來三九八載三代至孔乃備聖人不世期五百載三陽
吐圖二陰出讖制作之義吁俟知輿於檀韓君獨見天意度聖二

族遠趾絕思愴造禮樂胡葷器用守古舊宇愍勳定廟朝車咸喜
出誠造突涷不冰解工不爭賁宗除玄汁水通四注禮器升壹天
雨降謝百娃訴和樂國蒙慶神靈祐嗎敬之赦天與廓福兆享
年壽上極華蔚南技皇代利石表銘興乾運燿長朝
授祛祛罰寘窮聲懇憶敕蕩蕩於
韓朝府名物字符節
穎川長社王玄君直一百河東大陽西門愉元節二百
故涿郡大守魯應次公五十
故應事魯張嵩眇高五百 故史王簿曾周乾伯德二百
故會稽大守魯博世起千 相王簿曾薛陶元方二百
故樂安相魯鹿享公千

局部

民国 拓《汉大三公山碑》拓本册页

长28.7厘米　宽18厘米
1953年安康当地士绅捐赠

局部

局部

局部

民国 拓《汉泰山都尉孔宙上碑阴》拓本册页

长29厘米　宽18.3厘米
1953年安康当地士绅捐赠

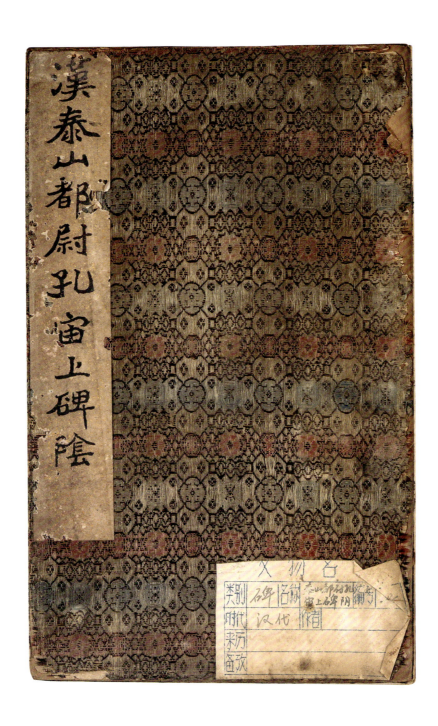

局部

民国 拓《汉孟琁残碑》拓本册页

长29厘米　宽18厘米

1953年安康当地士绅捐赠

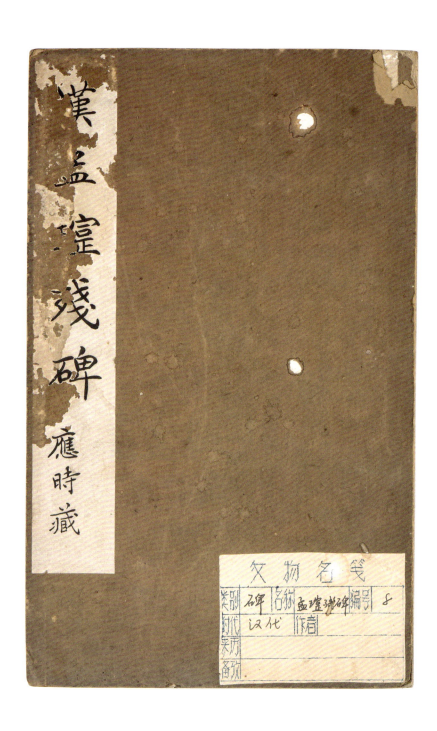

局部

局部

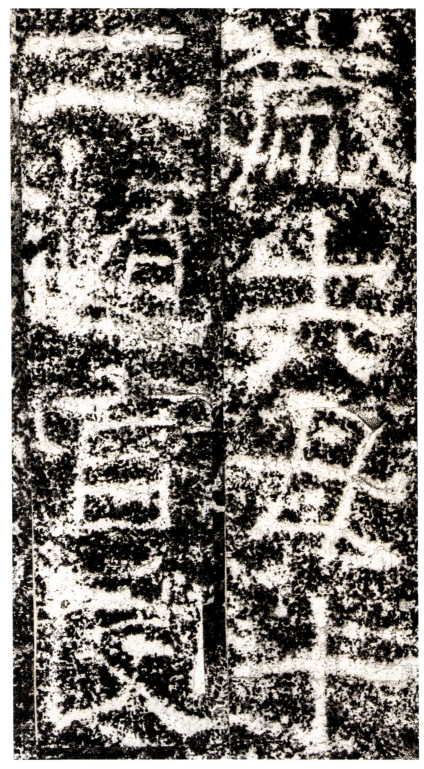

局部

民国 拓《旧拓吴禅国山碑》拓本册页

长31厘米 宽20.5厘米

1953年安康当地士绅捐赠

局部

局部

局部

清 拓《魏受禅表碑》拓本册页

长29厘米　宽18.5厘米
1953年安康当地士绅捐赠

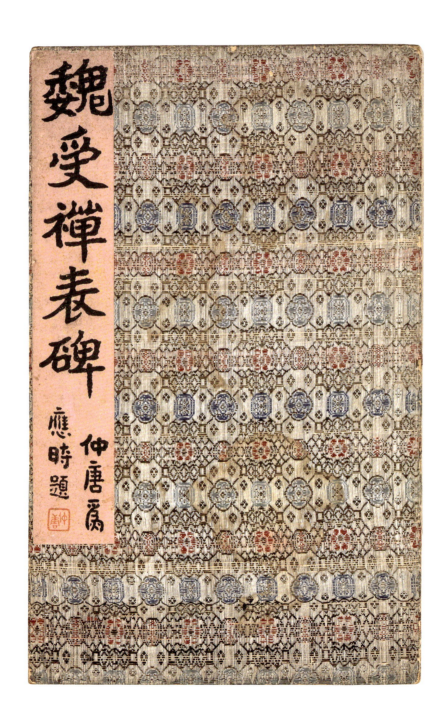

局部

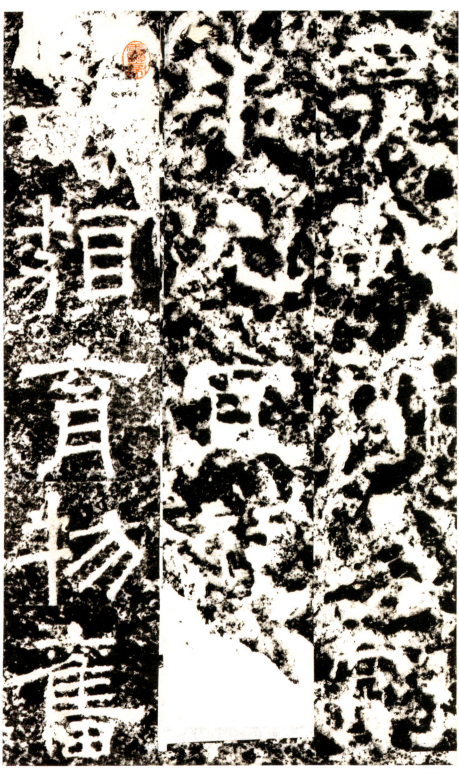

局部

局部

民国 拓《魏受禅表》拓本册页

长28.5厘米　宽18厘米
1953年安康当地士绅捐赠

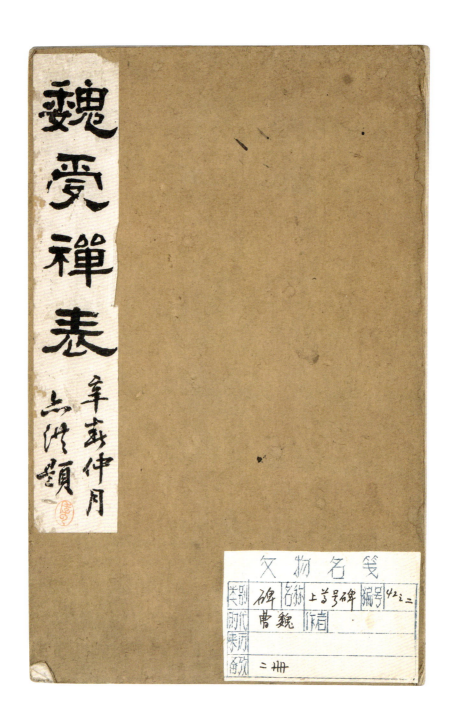

局部

局部

局部

清 拓《魏上尊号碑》拓本册页

长29厘米　宽18.5厘米
1953年安康当地士绅捐赠

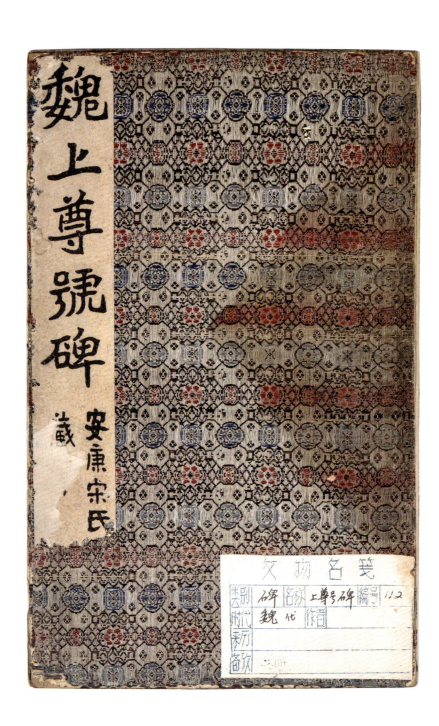

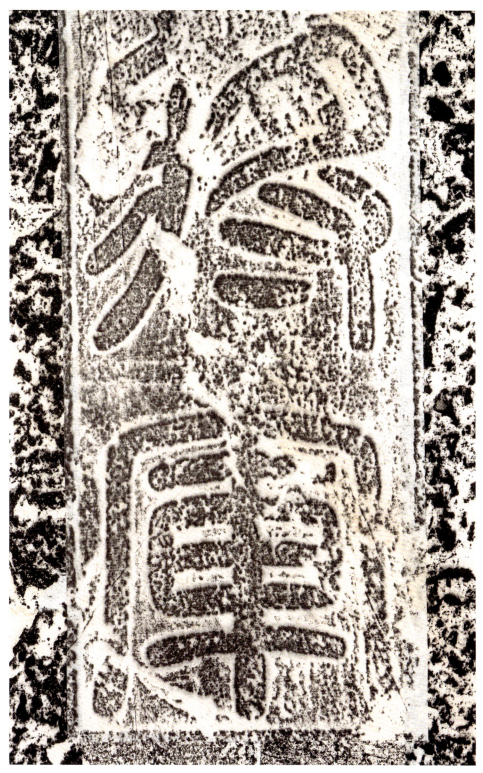

局部

局部

局部

清 拓《晋任城太守孙夫人碑》拓本册页

长29厘米　宽18.5厘米
1953年安康当地士绅捐赠

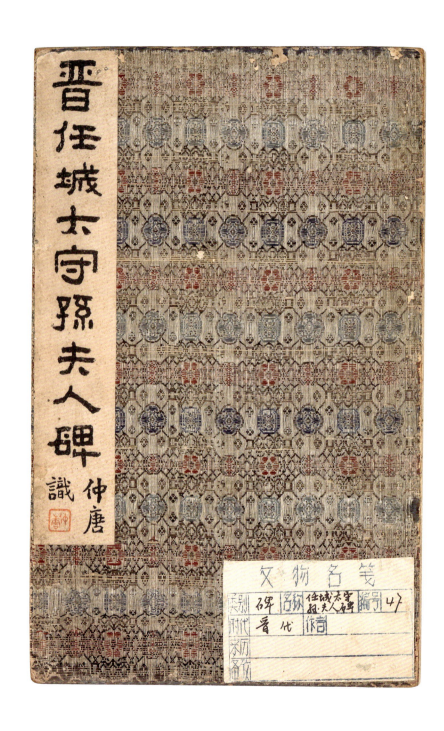

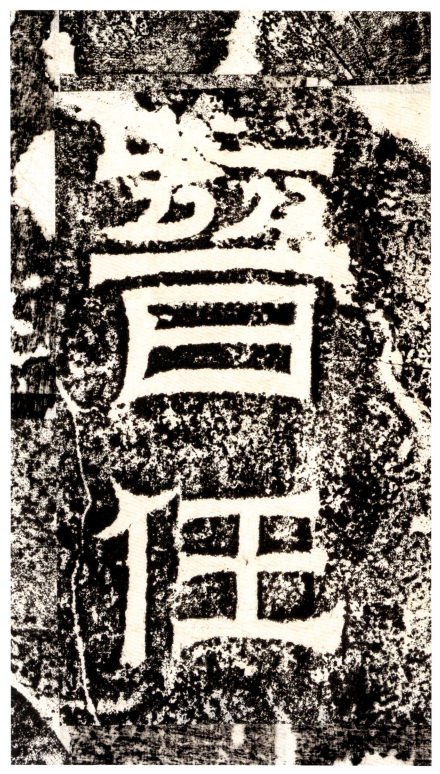

局部

局部

局部

清 拓《晋刘韬、房宣、荀岳墓志合本》拓本册页

长28.7厘米　宽18厘米
1953年安康当地士绅捐赠

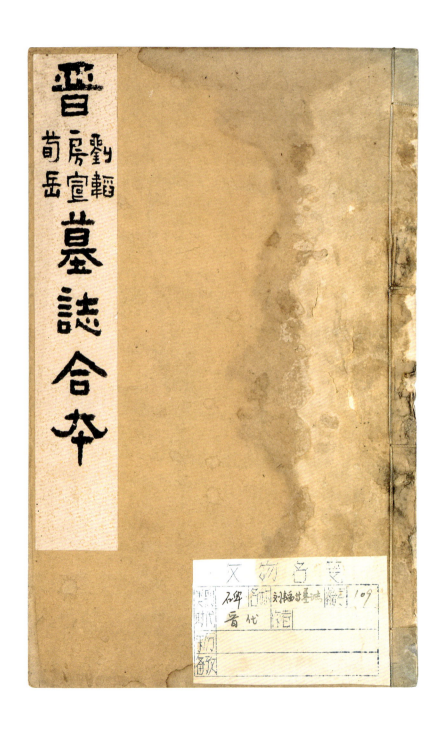

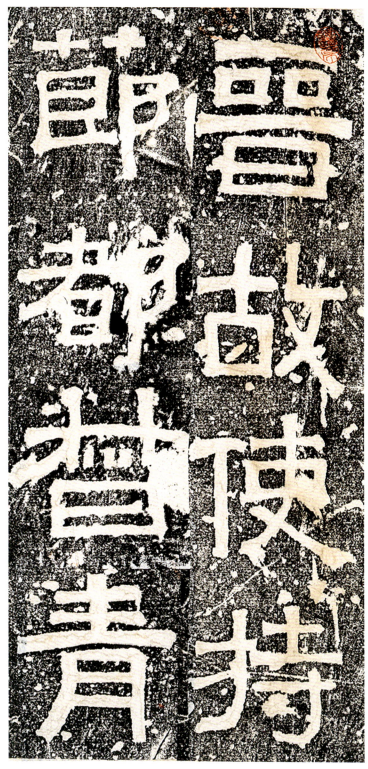

局部

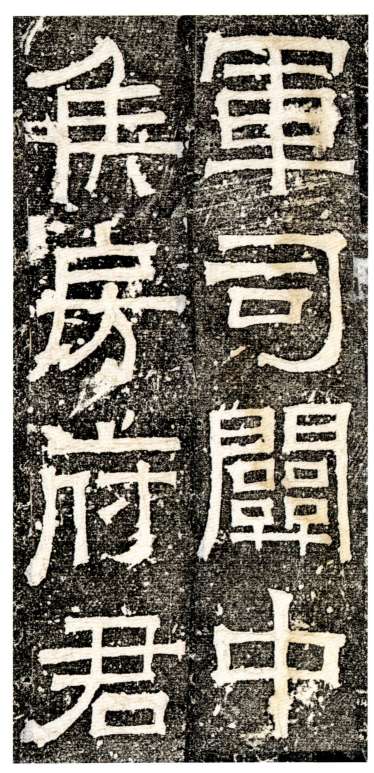

局部

局部

清 拓《南乡太守郭休碑》拓本册页

长28.7厘米　宽17.9厘米
1953年安康当地士绅捐赠

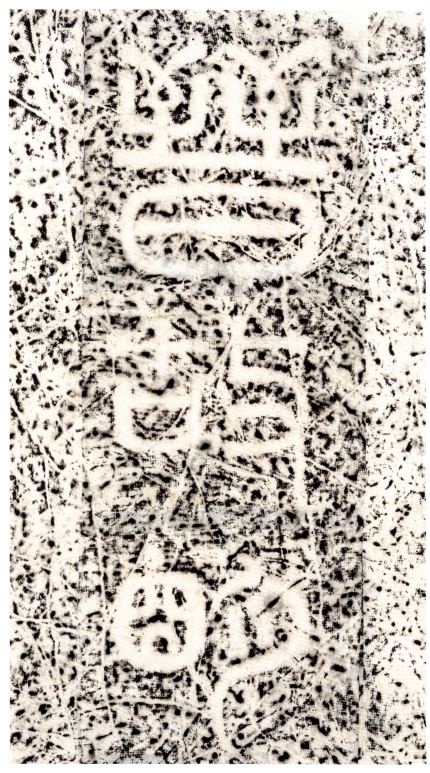

局部

局部

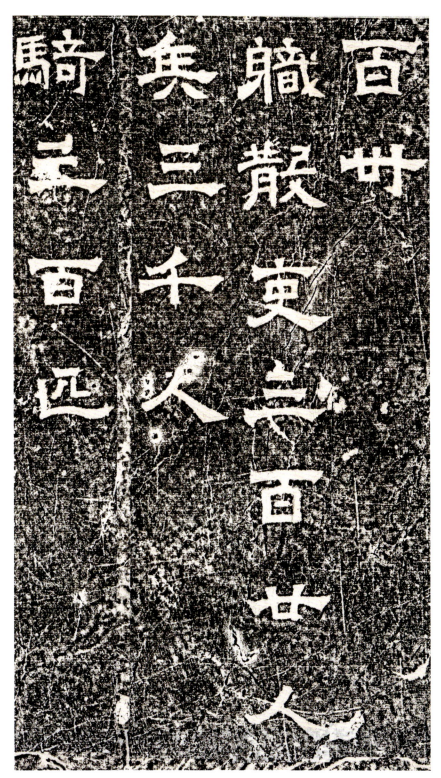

局部

民国 拓《魏四寇墓志合本》拓本册页

长28.5厘米　宽17.8厘米
1953年安康当地士绅捐赠

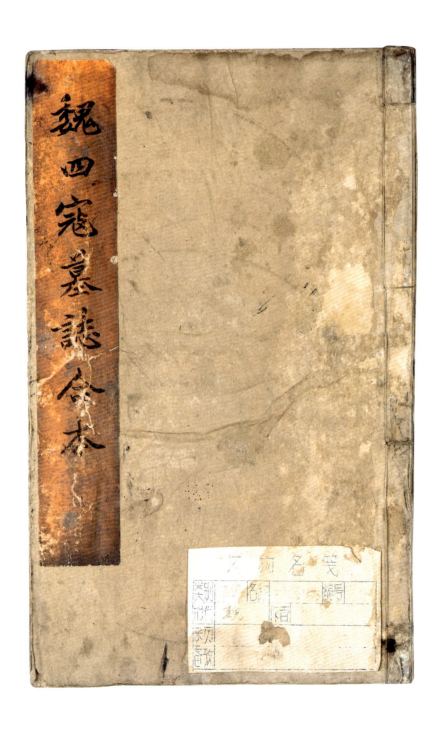

局部

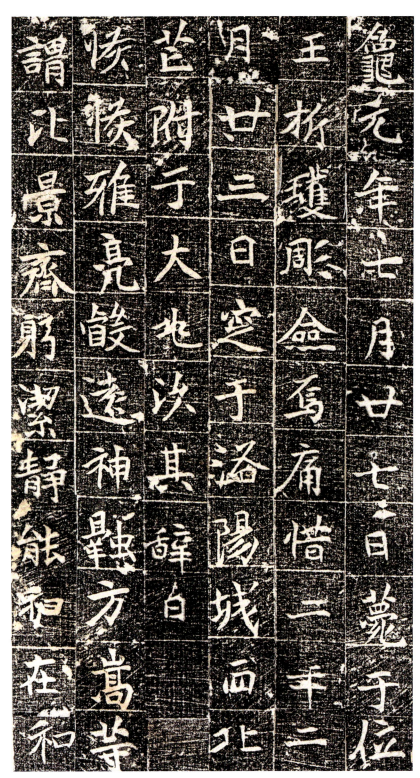

局部

局部

民国 拓《郑文公下碑》拓本册页（上下册）

长36.5厘米　宽23厘米
1953年安康当地士绅捐赠

局部

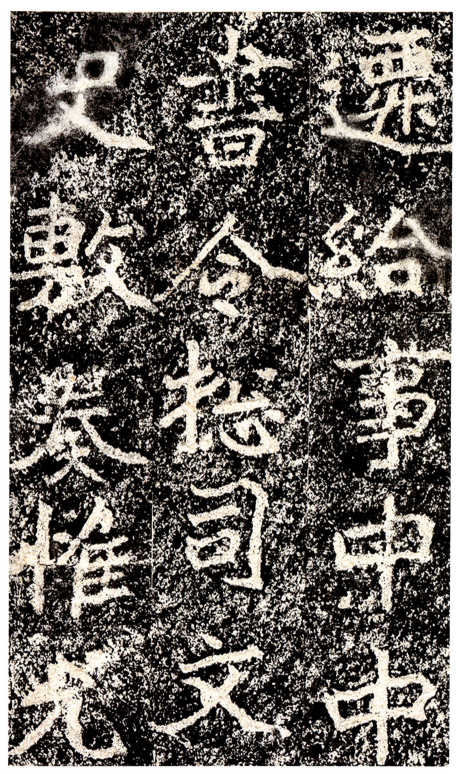

局部

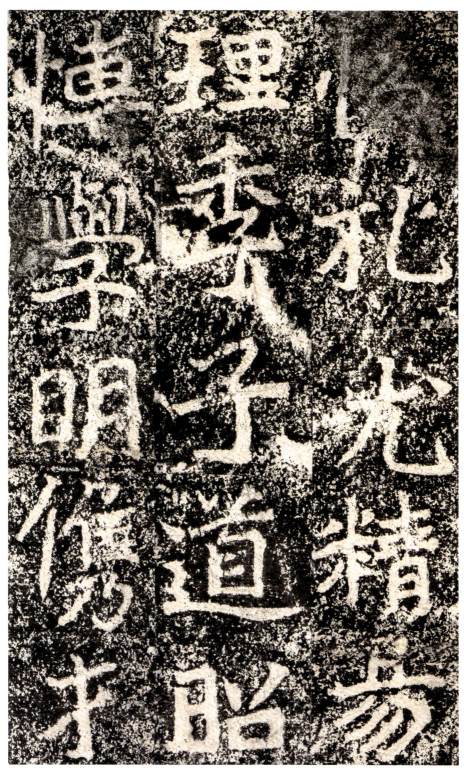

局部

局部

局部

清 拓《魏曹望憘造像》拓本册页

长29厘米　宽18厘米
1953年安康当地士绅捐赠

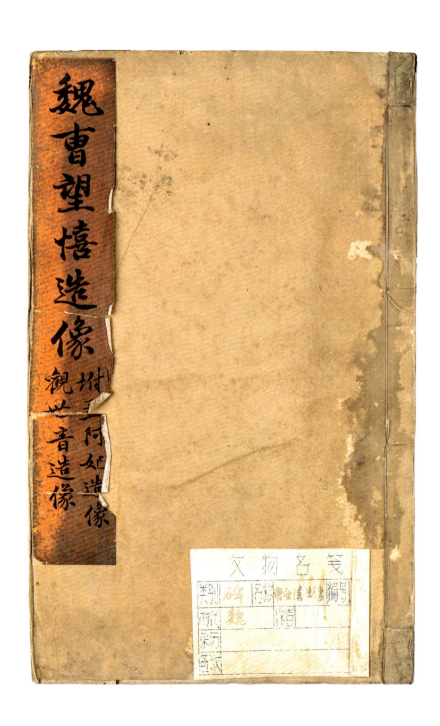

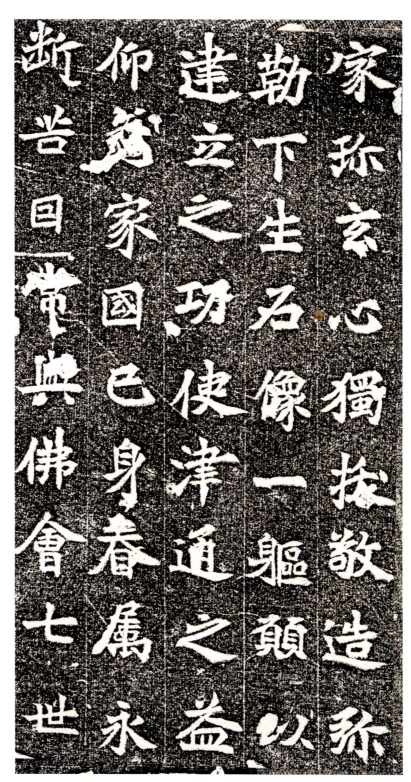

局部

局部

局部

局部

局部

清 拓《魏温泉颂》拓本册页

长28.6厘米　宽18厘米
1953年安康当地士绅捐赠

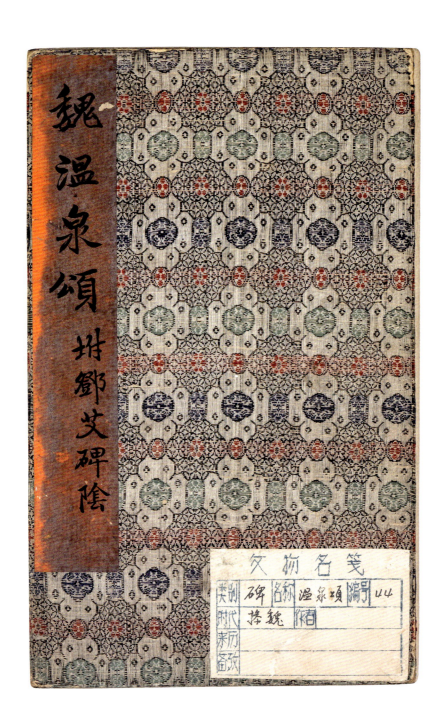

局部

局部

局部

清 拓《大魏太昌年樊奴子、天平年洪宝铭、兴合年李氏合邑造像合本》拓本册页

长28.6厘米　宽18厘米

1953年安康当地士绅捐赠

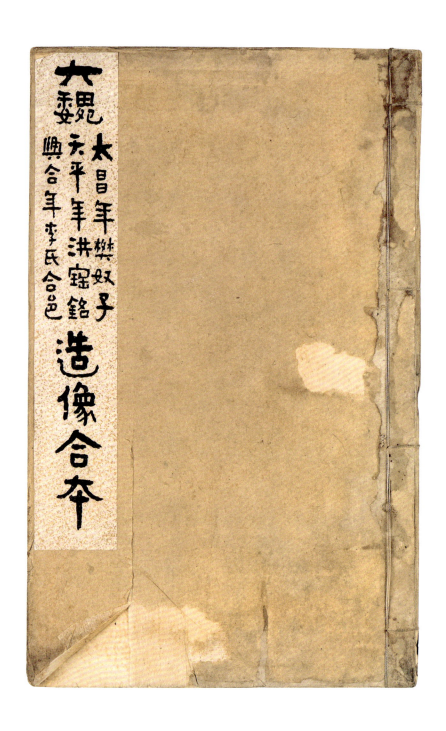

局部

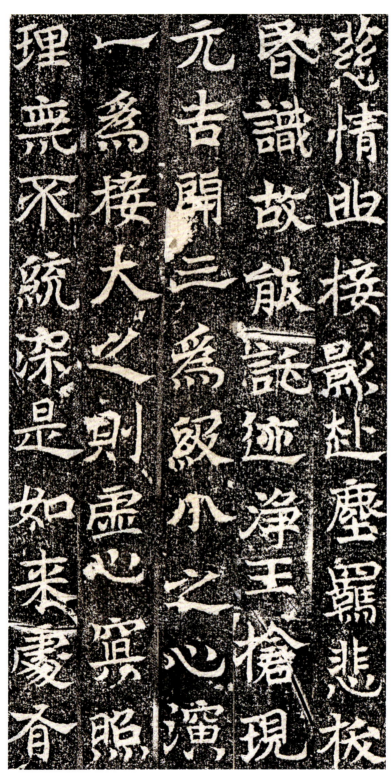

局部

局部

清 拓《魏龙山寺造像》拓本册页

长28.5厘米　宽18厘米
1953年安康当地士绅捐赠

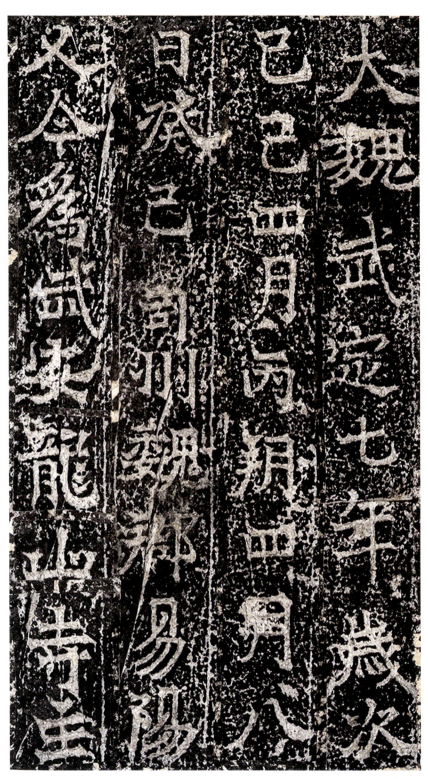

局部

局部

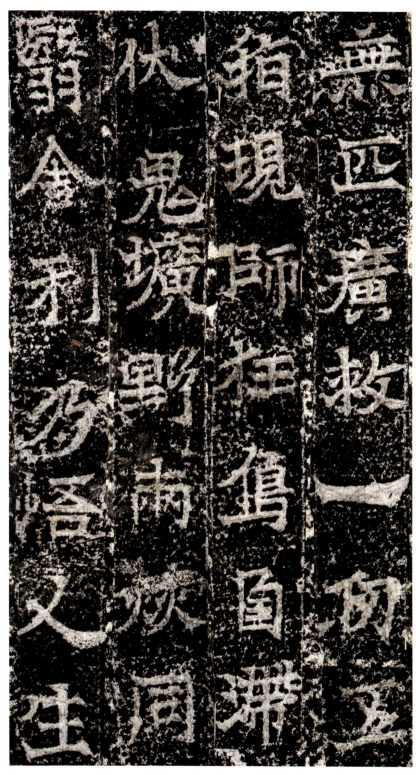

局部

民国 拓《北魏贾思伯碑》拓本册页

长28.5厘米　宽18厘米
1953年安康当地士绅捐赠

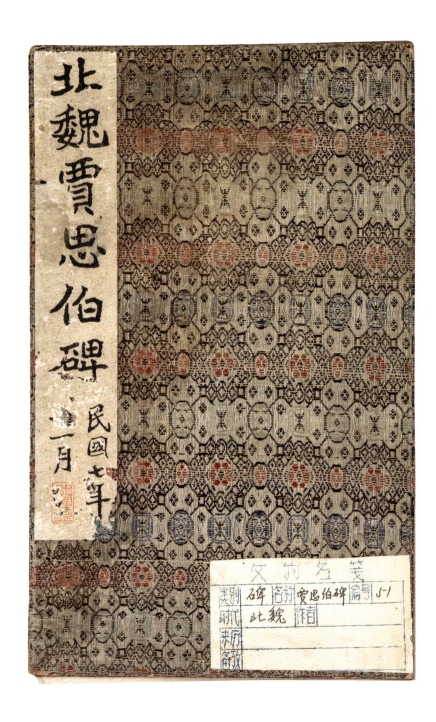

局部

民国 拓《北魏郑道昭论经书诗》拓本册页

长26.5厘米　宽23厘米

1953年安康当地士绅捐赠

局部

局部

局部

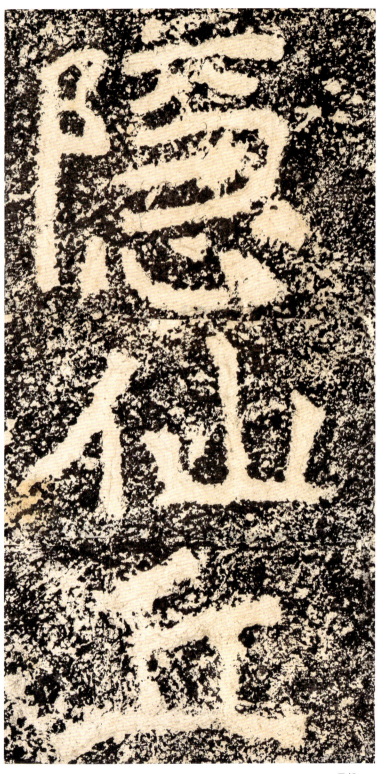

局部

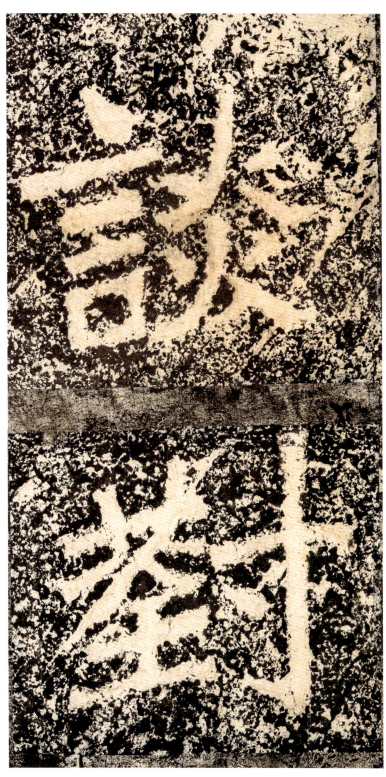

局部

清 拓《旧拓报德寺碑》拓本册页

长32厘米　宽18厘米

1953年安康当地士绅捐赠

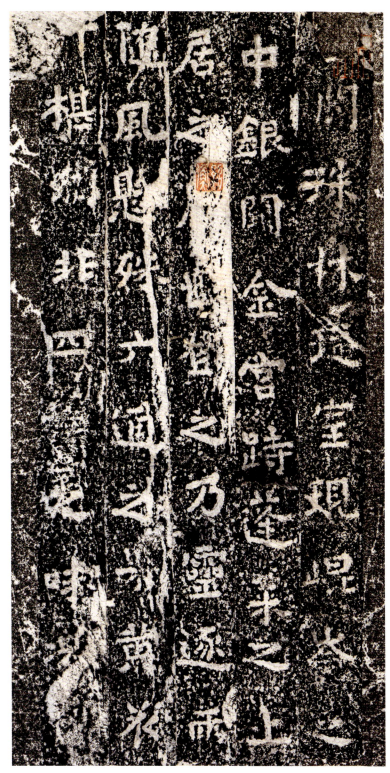

局部

局部

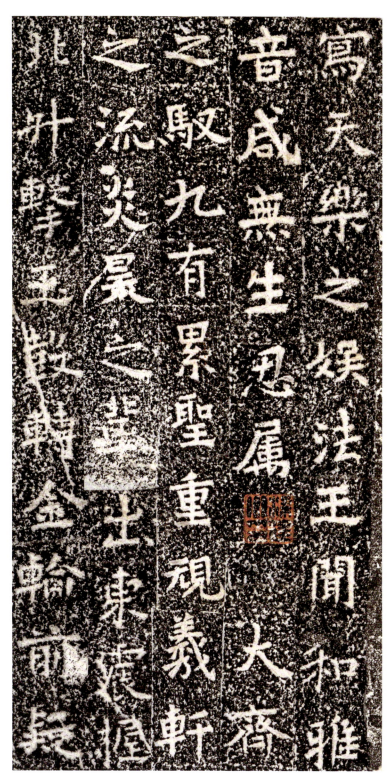

局部

局部

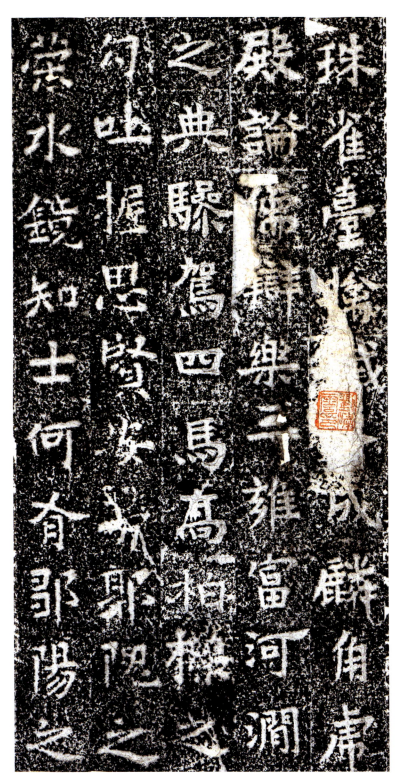

局部

民国 拓《梁瘗鹤铭》拓本册页

长29厘米　宽18厘米
1953年安康当地士绅捐赠

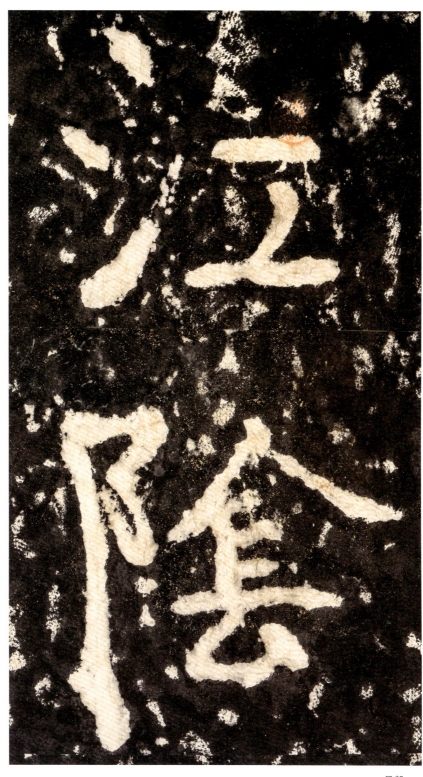

局部

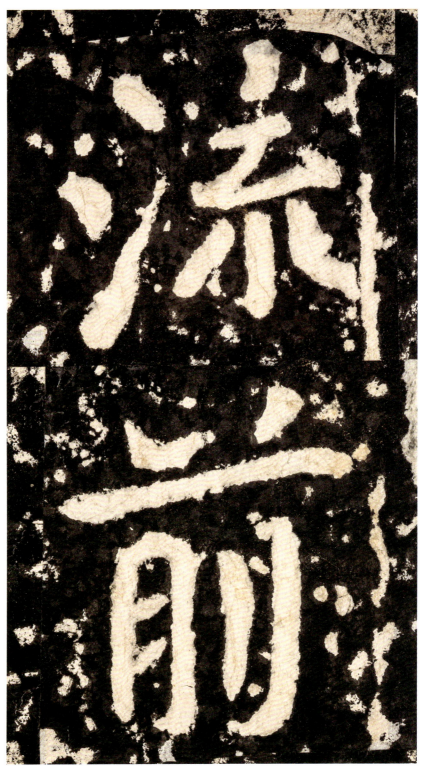

局部

局部

民国 拓《旧拓智永千字文》拓本册页

长28.8厘米　宽18厘米
1953年安康当地士绅捐赠

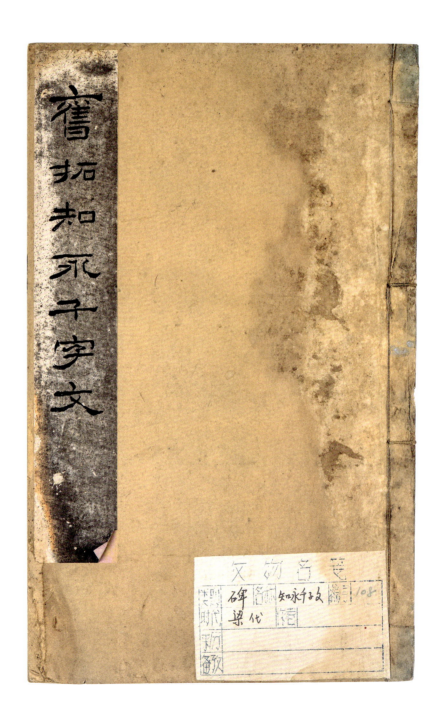

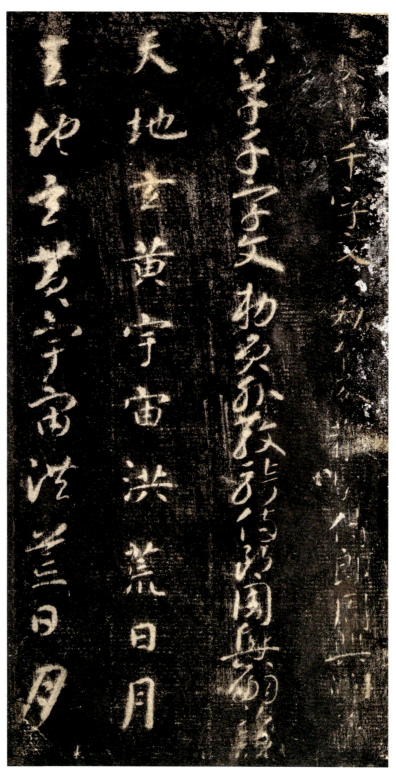

局部

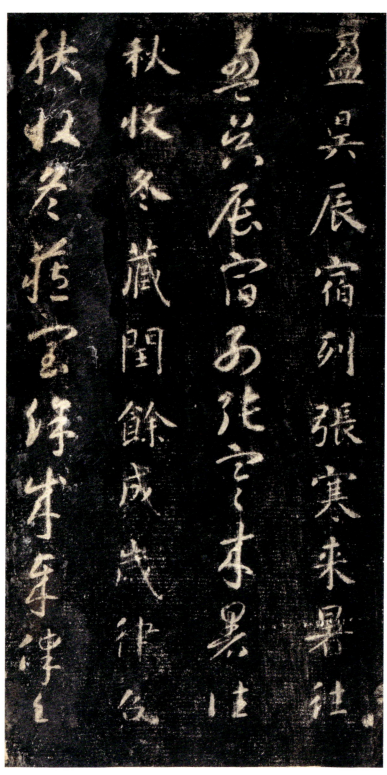

局部

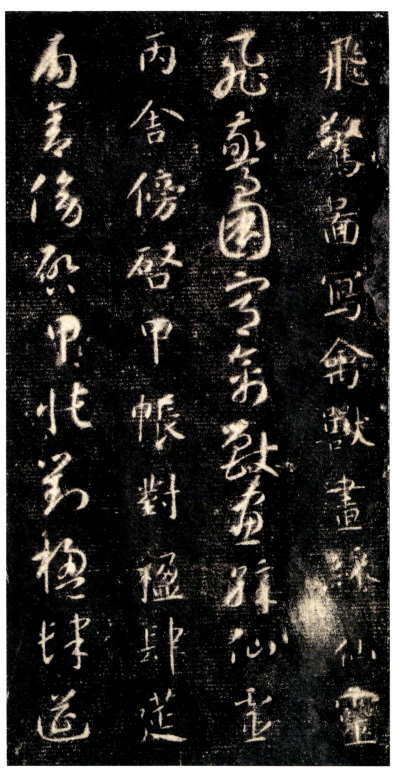

局部

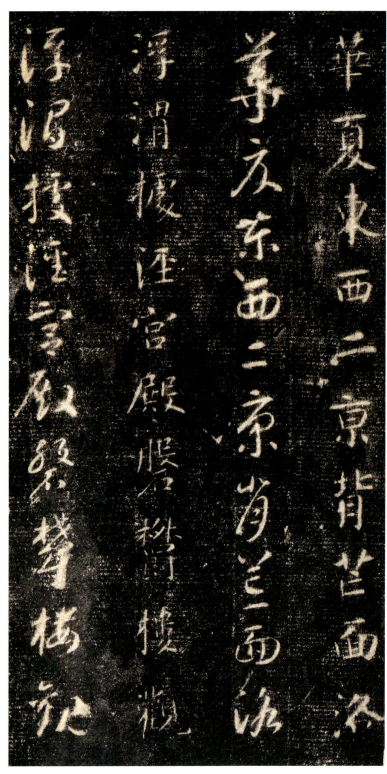

局部

局部

清 拓《东魏太公吕望表碑》拓本册页

长29厘米　宽18.4厘米
1953年安康当地士绅捐赠

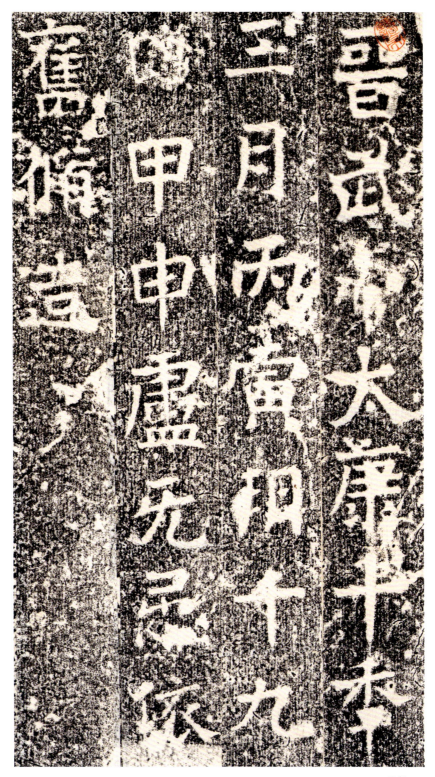

局部

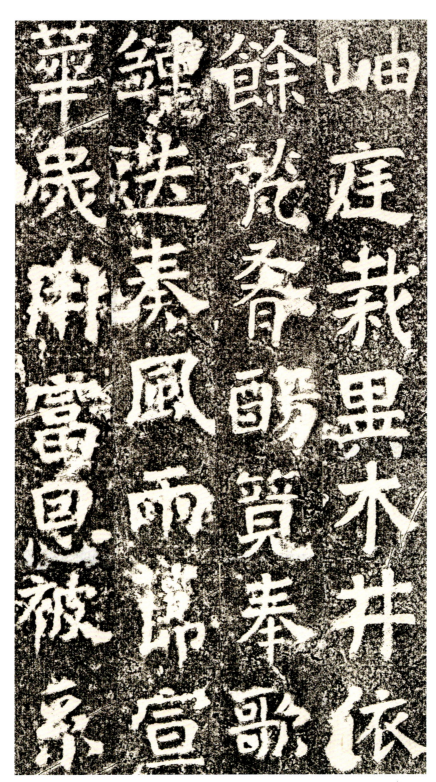

局部

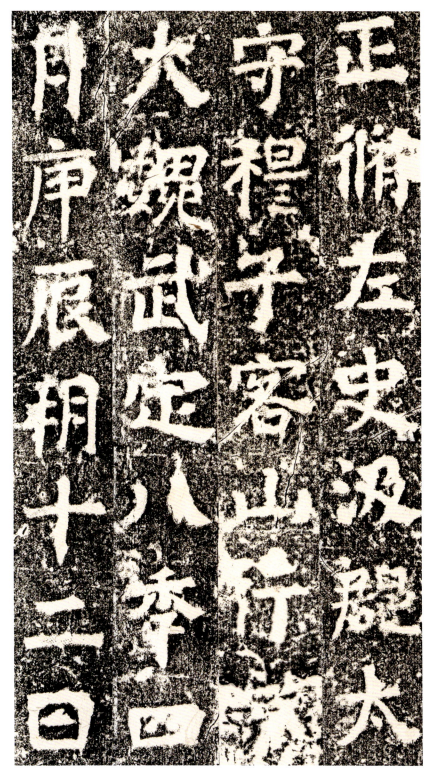

局部

清 拓《东魏华山王墓志》拓本册页

长28.5厘米　宽18厘米
1953年安康当地士绅捐赠

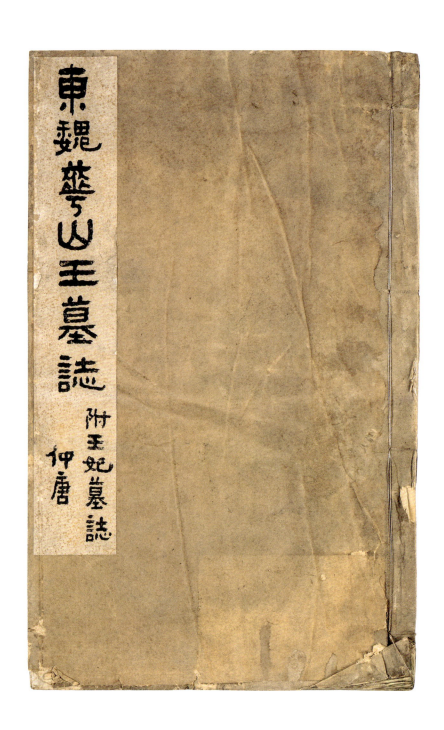

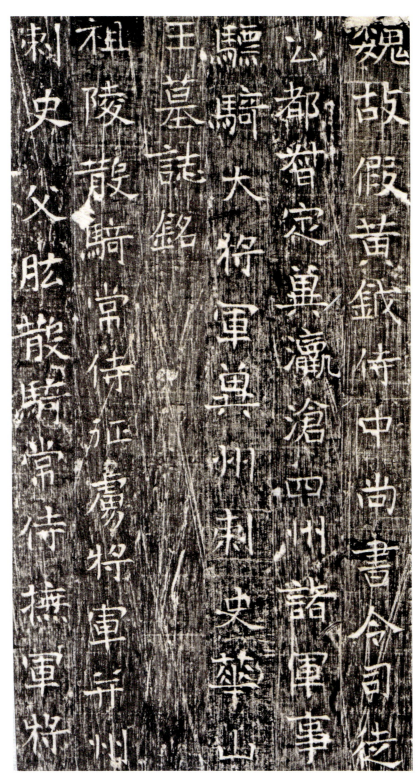

局部

清 拓《东魏中岳嵩阳寺碑》拓本册页

长28.5厘米　宽18厘米
1953年安康当地士绅捐赠

局部

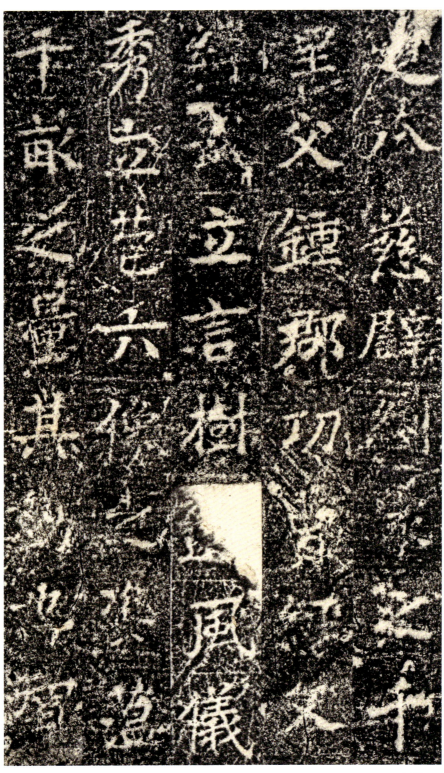

局部

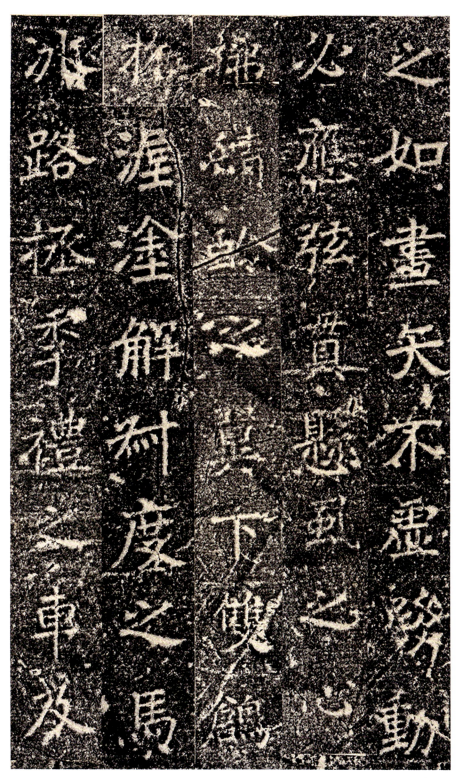

局部

民国 拓《北齐河清三年合邑造像》拓本册页

长28.5厘米　宽18厘米
1953年安康当地士绅捐赠

局部

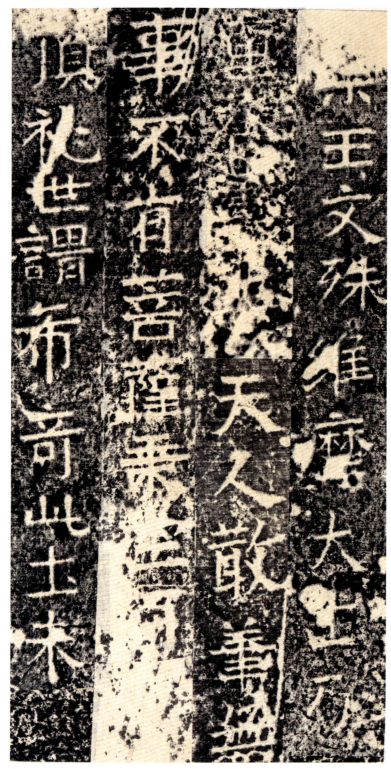

局部

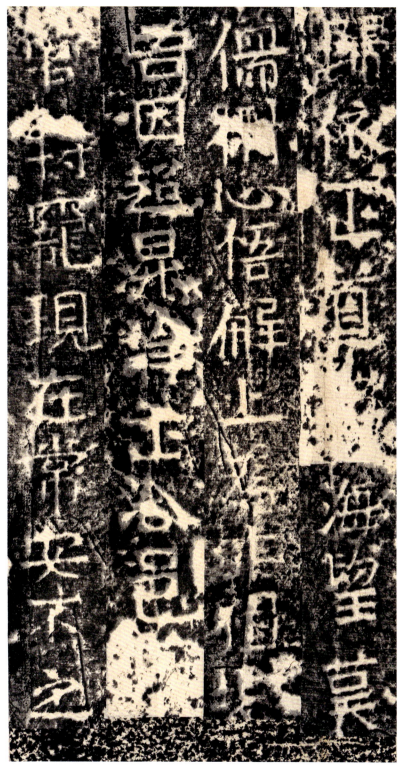

局部

清 拓《北齐风峪〈华严经〉石碑》拓本册页（四卷本）

长28.7厘米　宽18厘米

1953年安康当地士绅捐赠

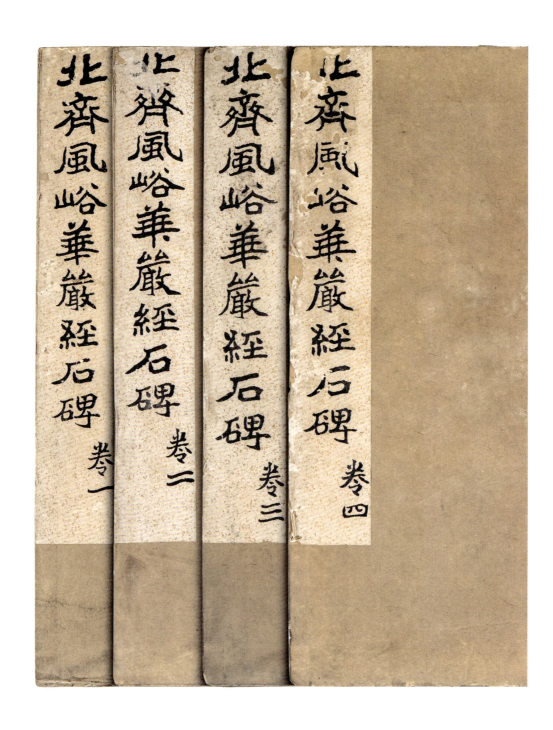

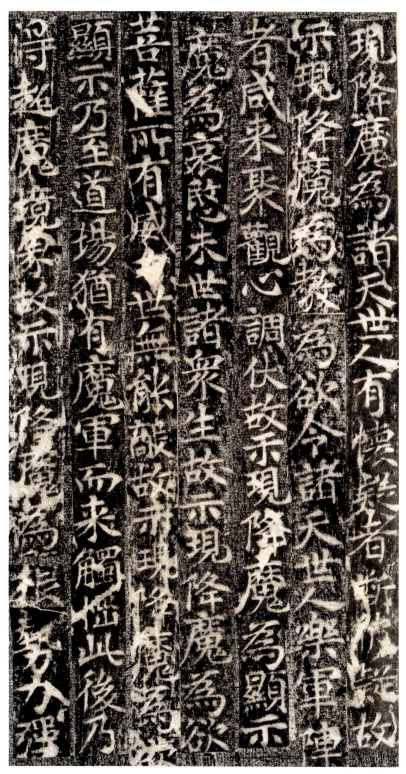

局部

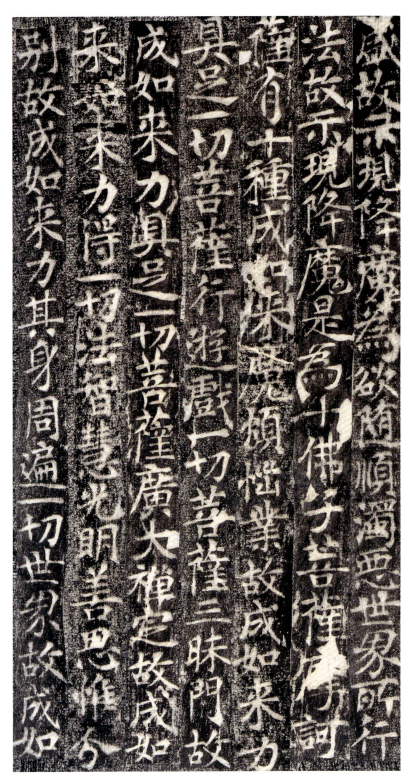

局部

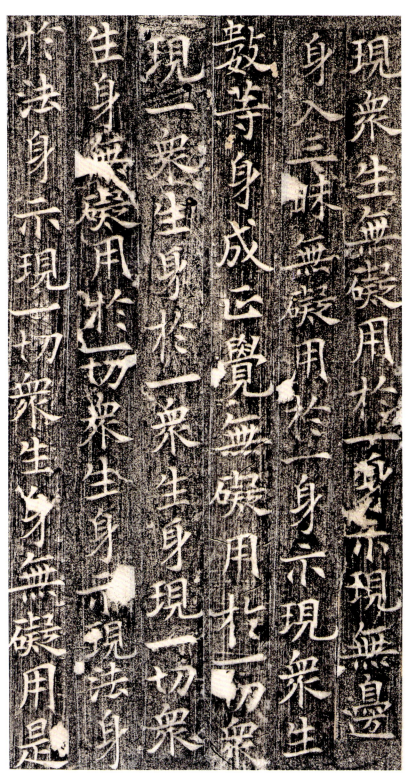

局部

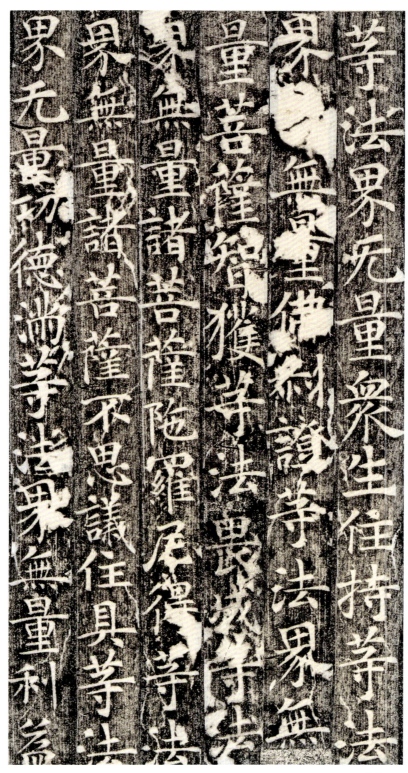

局部

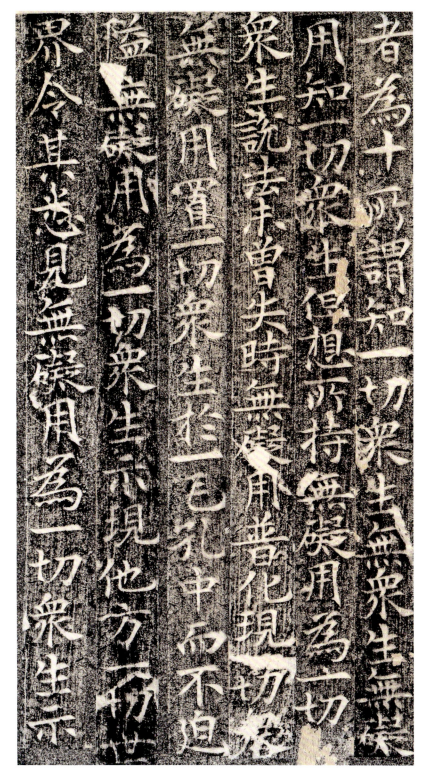

局部

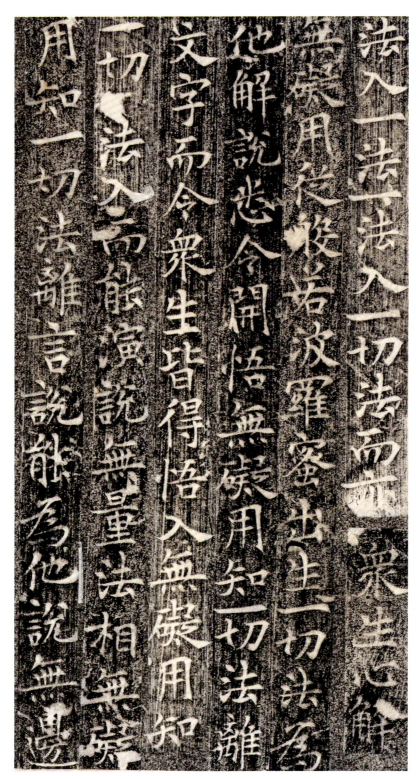

局部

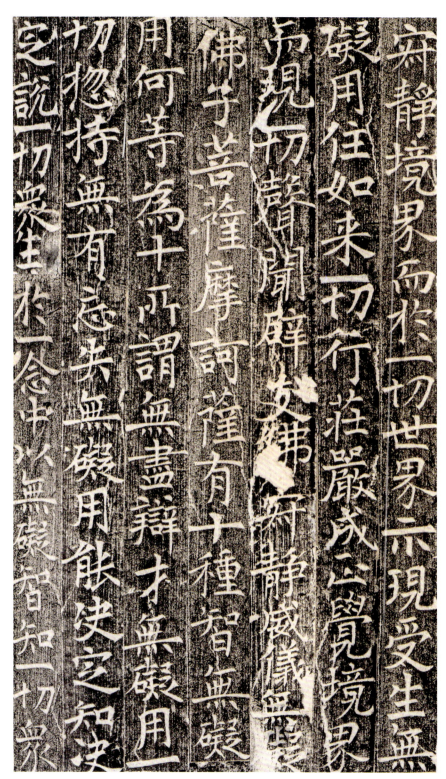

局部

清 拓《齐天保八年造像》拓本册页

长28.5厘米　宽18厘米

1953年安康当地士绅捐赠

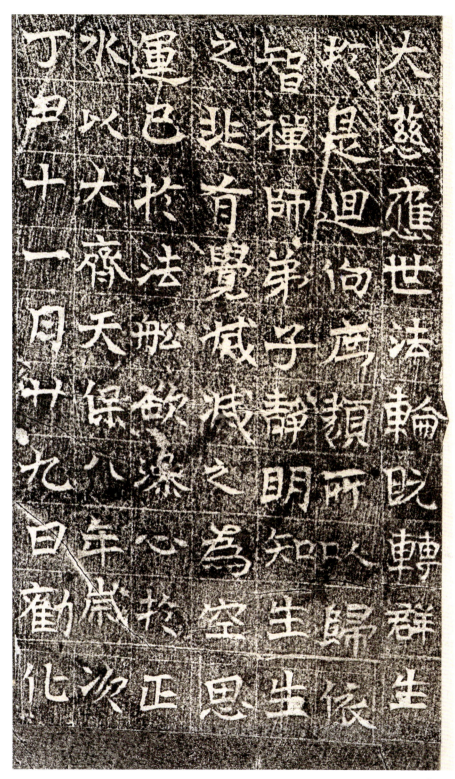

局部

局部

局部

民国 拓《初拓北齐河清三年碑》拓本册页

长36.5厘米　宽23厘米

1953年安康当地士绅捐赠

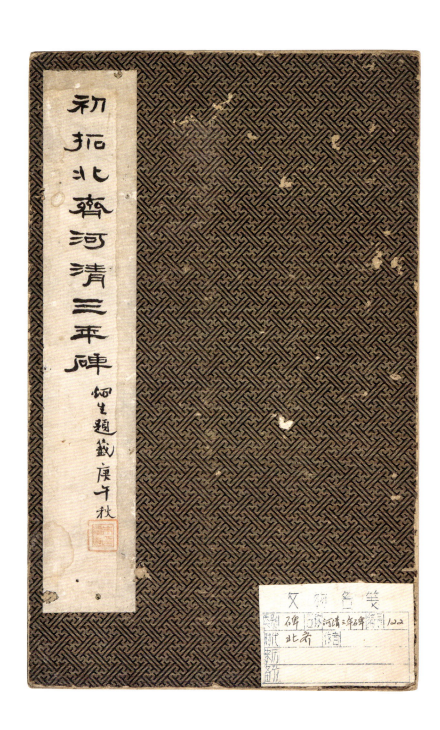

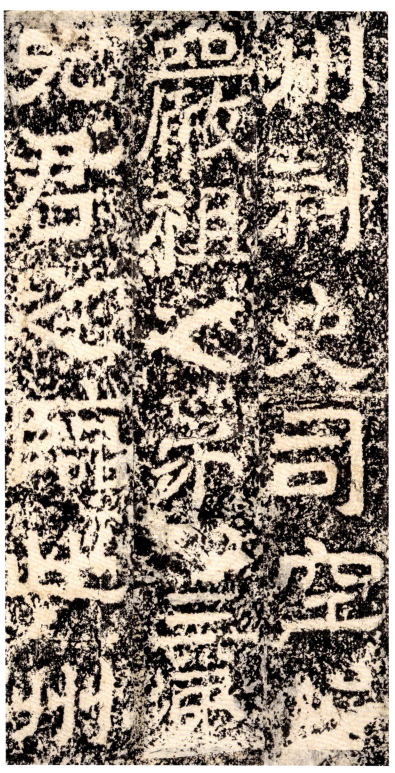

局部

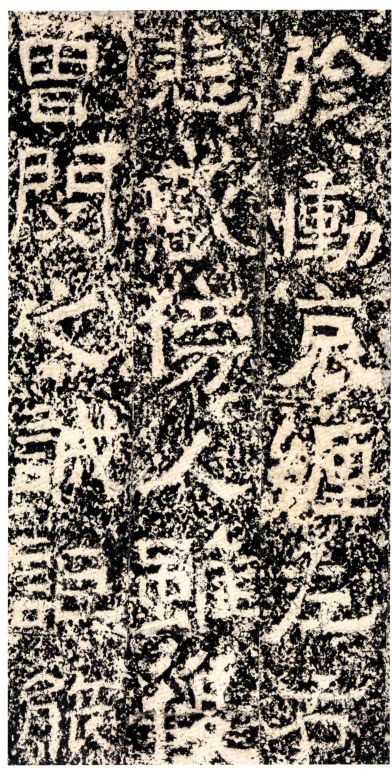

局部

局部

民国 拓《旧拓北齐临淮王像碑》拓本册页

长31厘米　宽20厘米
1953年安康当地士绅捐赠

局部

局部

局部

民国 拓《北齐姜元略、董洪达武平五年造像合本》拓本册页

长28.5厘米　宽18厘米

1953年安康当地士绅捐赠

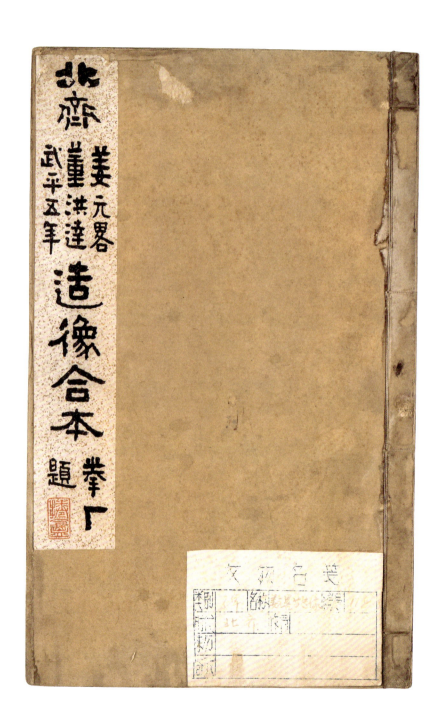

局部

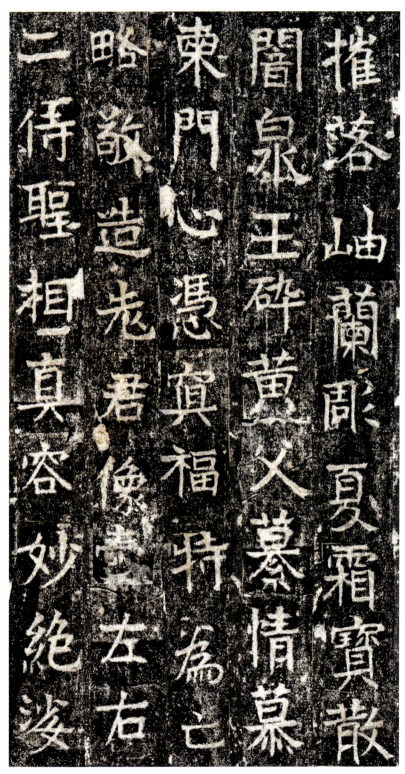

局部

局部

民国 拓《初拓云峰山题名十一种》拓本册页

长36.5厘米　宽23厘米
1953年安康当地士绅捐赠

局部

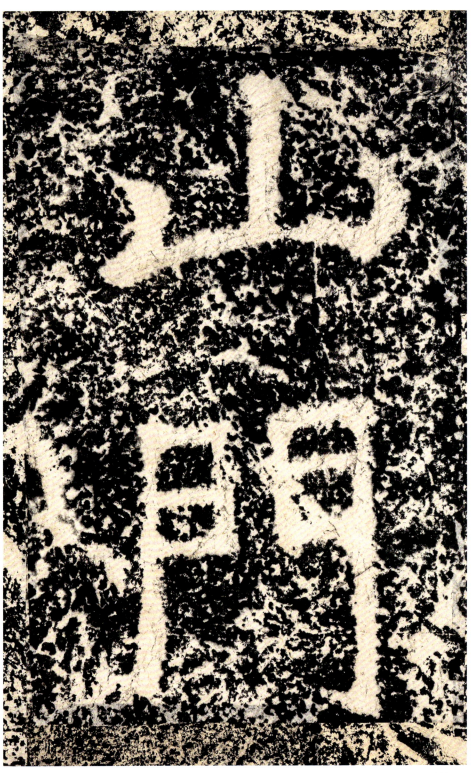

局部

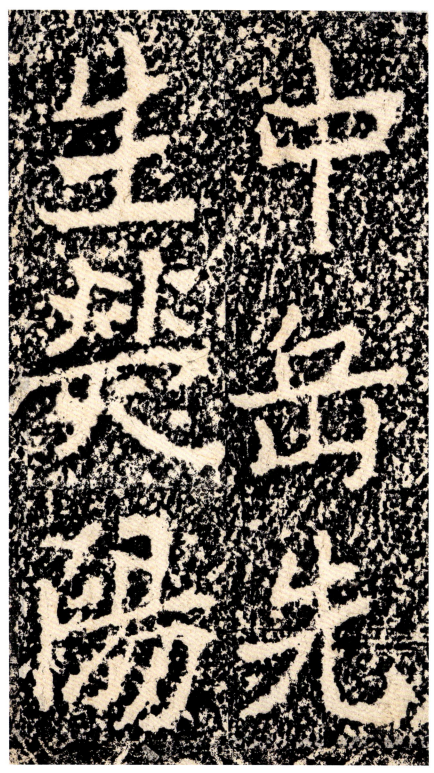

局部

民国 拓《初拓云峰山观海童诗》拓本册页

长36.5厘米　宽23厘米
1953年安康当地士绅捐赠

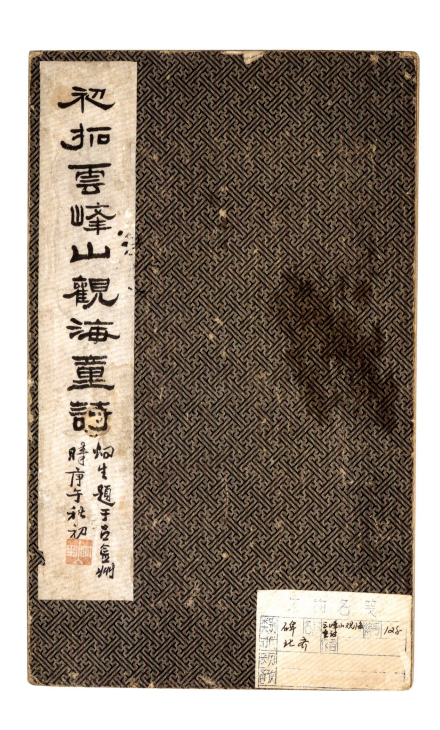

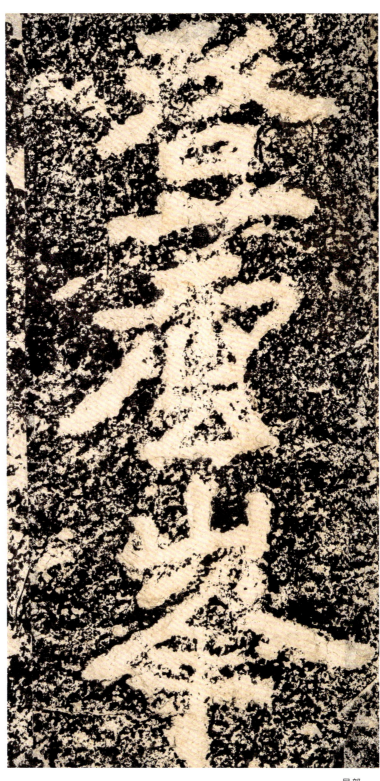

局部

局部

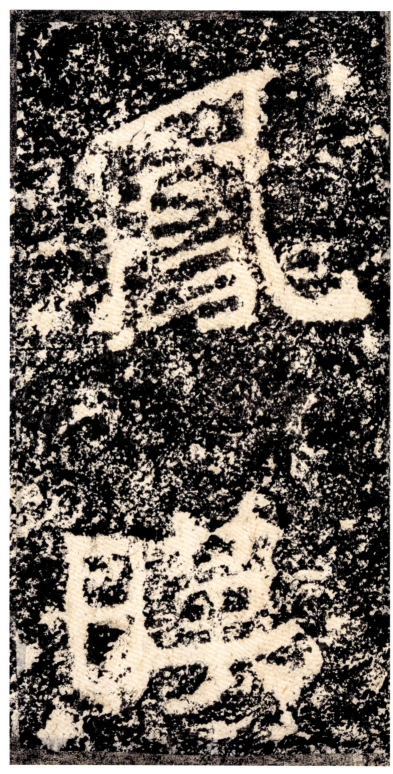

局部

清 拓《周张僧妙碑》拓本册页

长28.5厘米　宽18厘米

1953年安康当地士绅捐赠

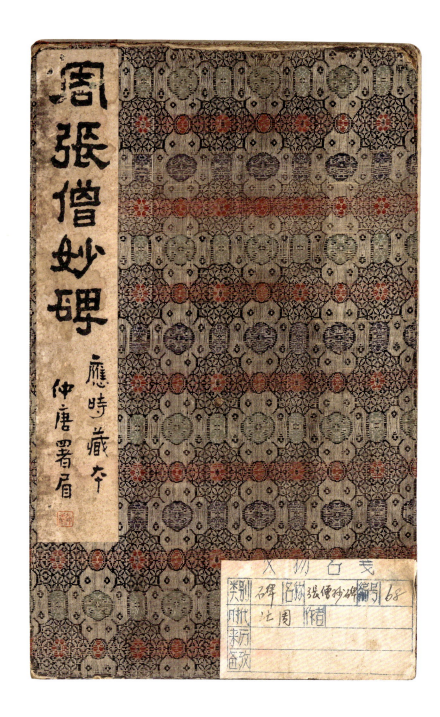

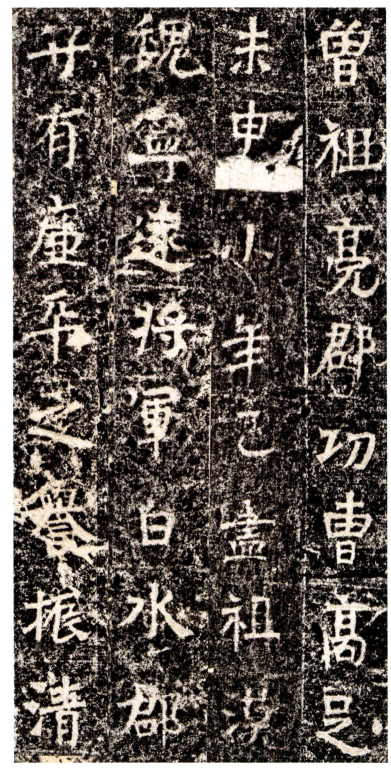

局部

局部

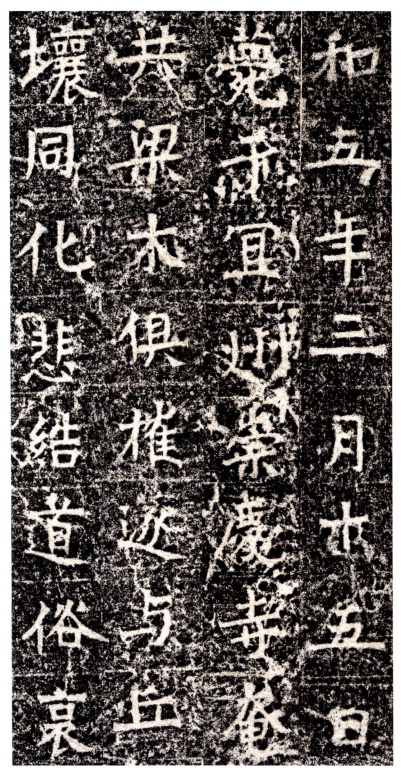

局部

民国 拓《隋残碑》拓本册页

长28.8厘米　宽18厘米
1953年安康当地士绅捐赠

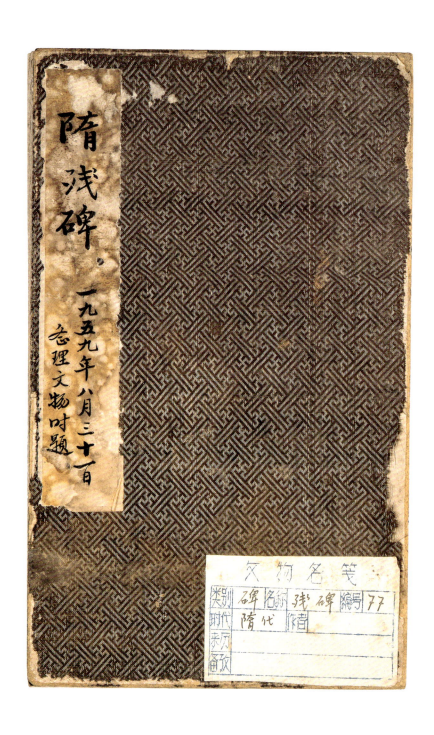

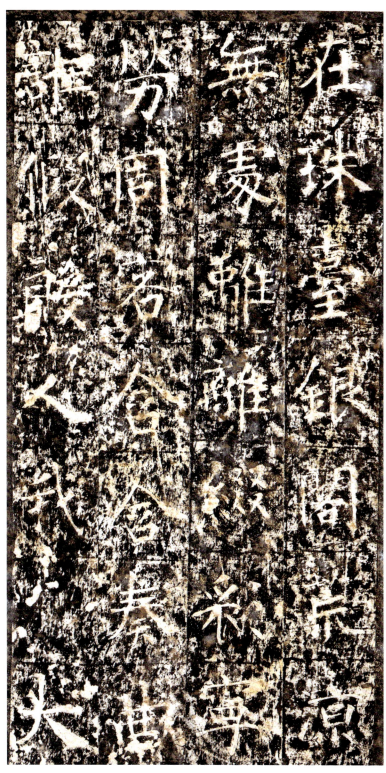

局部

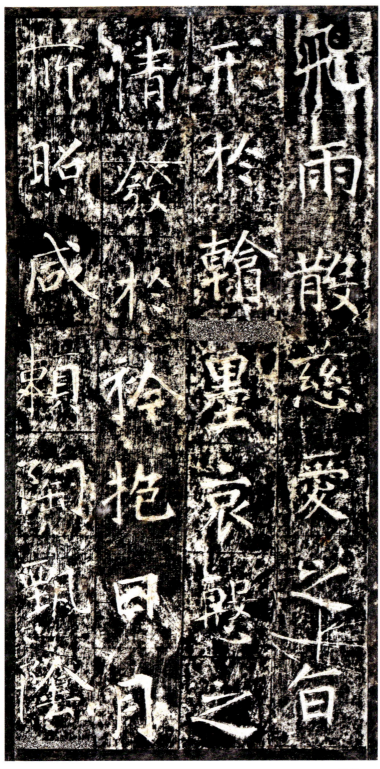

局部

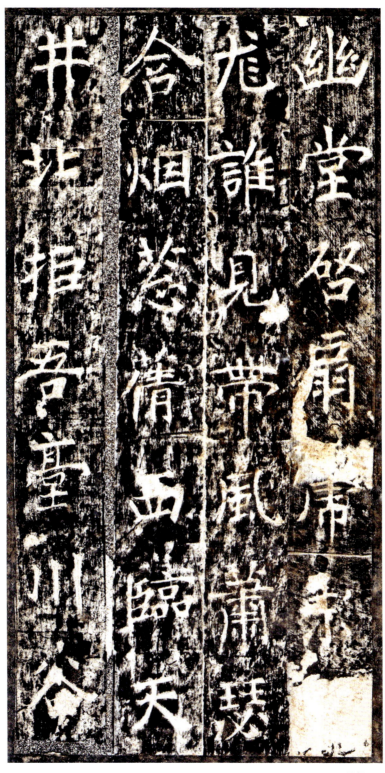

局部

清 拓《隋孔文宣灵庙碑》拓本册页

长28.7厘米　宽18厘米

1953年安康当地士绅捐赠

局部

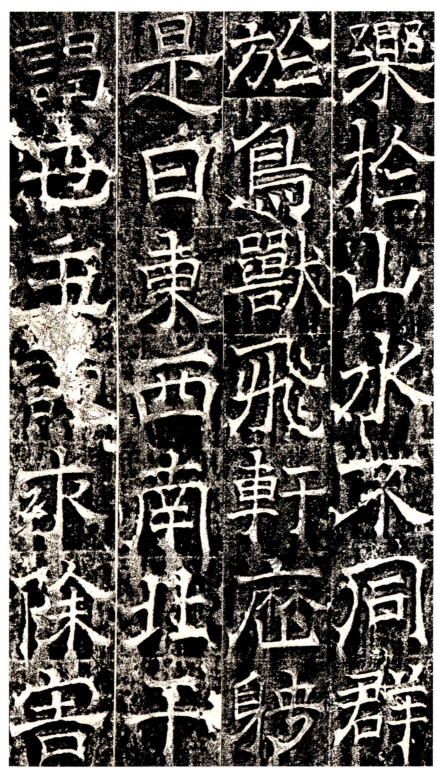

局部

局部

民国 拓《隋柱国左光禄大夫弘义明公皇甫府君碑》拓本册页

长32.5厘米　宽18厘米

1953年安康当地士绅捐赠

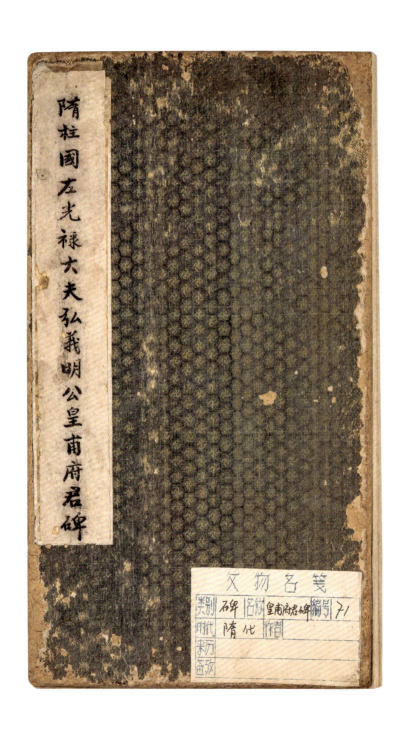

局部

局部

局部

清 拓《唐德阳公碑》拓本册页

长28.5厘米　宽18厘米

1953年安康当地士绅捐赠

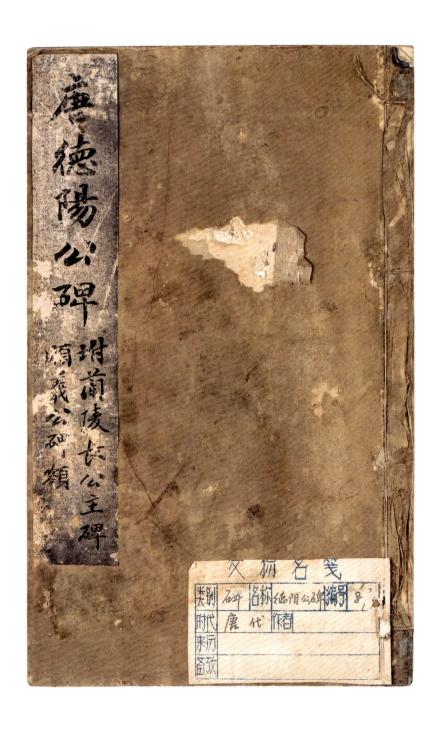

局部

清 拓《唐张琮碑》拓本册页

长29厘米　宽18厘米
1953年安康当地士绅捐赠

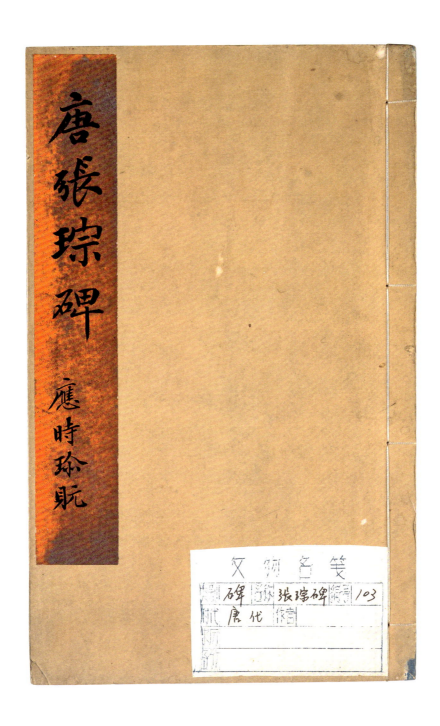

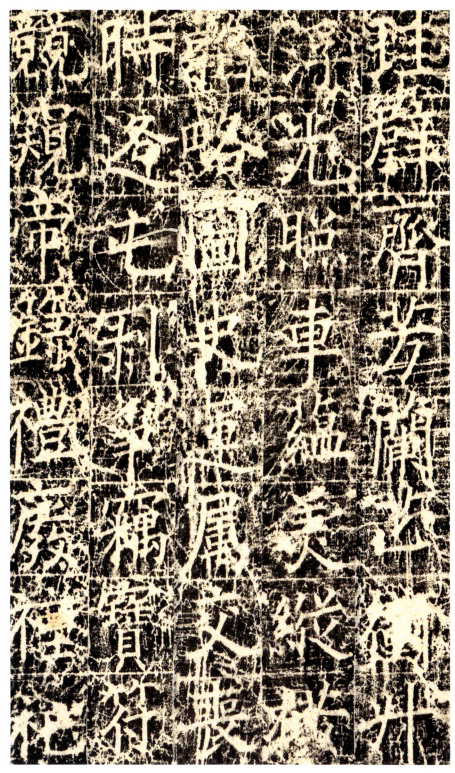

局部

清 拓《唐右武卫将军乙速孤公碑》拓本册页

长28.5厘米　宽18厘米
1953年安康当地士绅捐赠

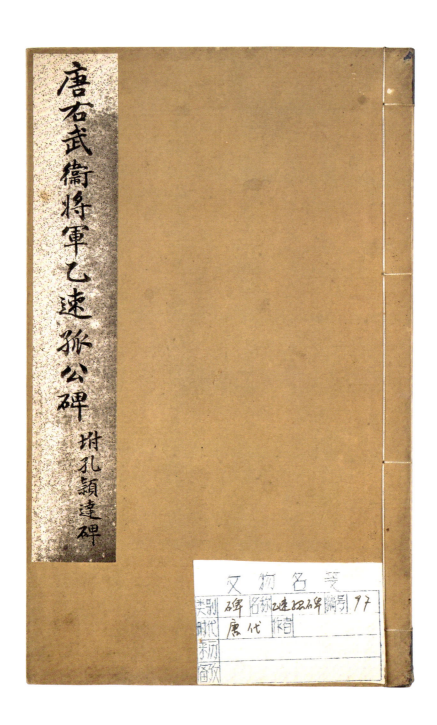

局部

局部

局部

民国 拓《旧拓幽州昭仁寺碑》拓本册页（二卷本）

长29厘米　宽18.2厘米

1953年安康当地士绅捐赠

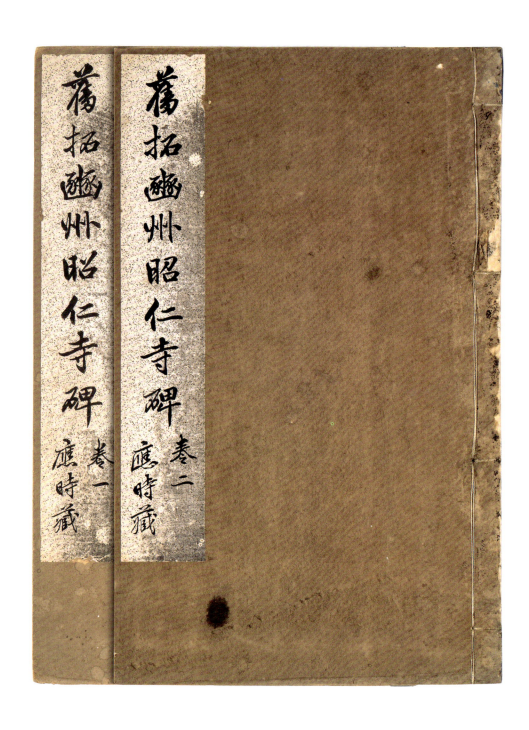

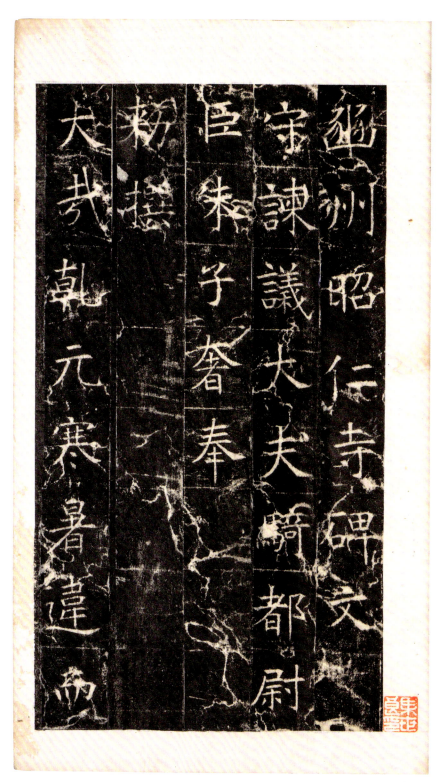

局部

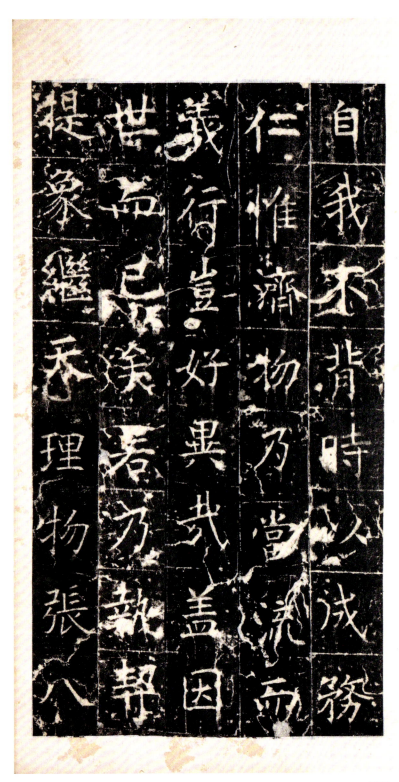

局部

局部

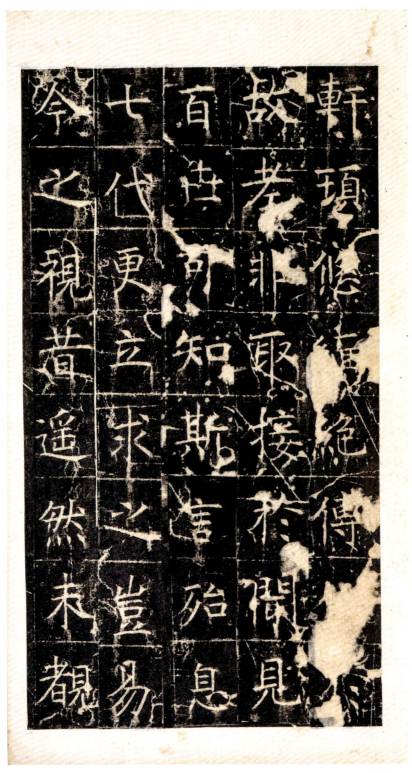

局部

局部

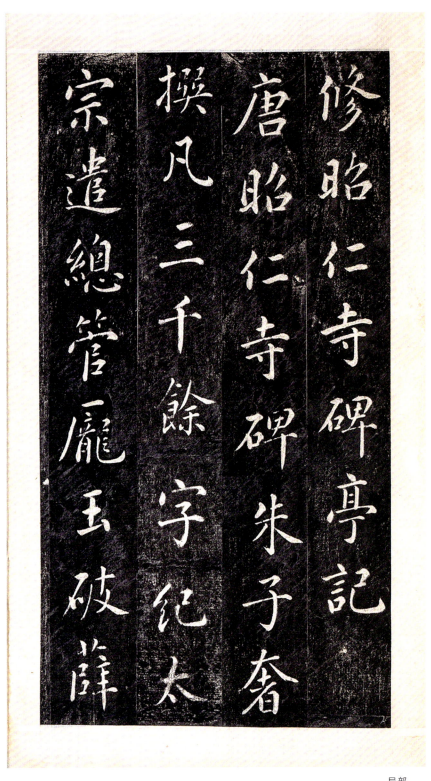

局部

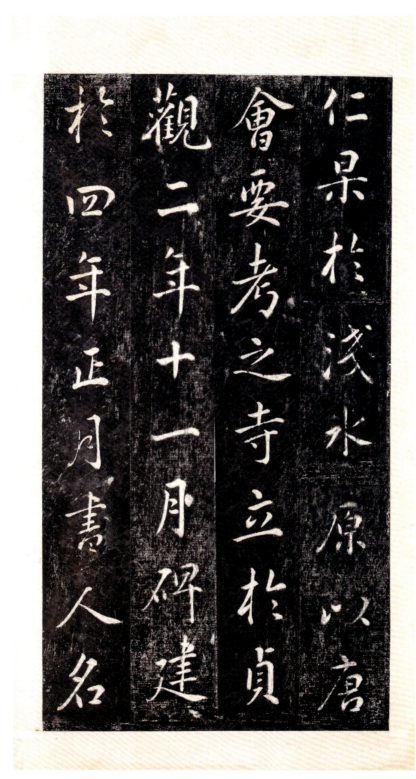

局部

民国 拓《唐伊阙佛龛碑》拓本册页(二卷本)

长28.5厘米　宽18厘米
1953年安康当地士绅捐赠

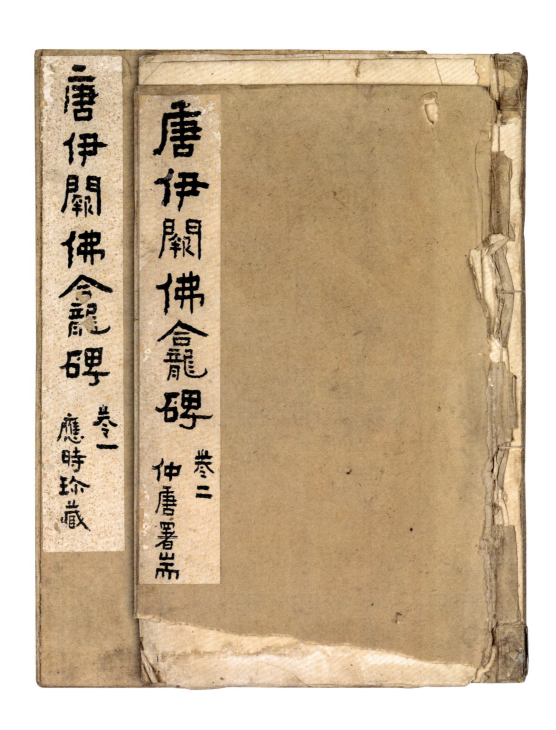

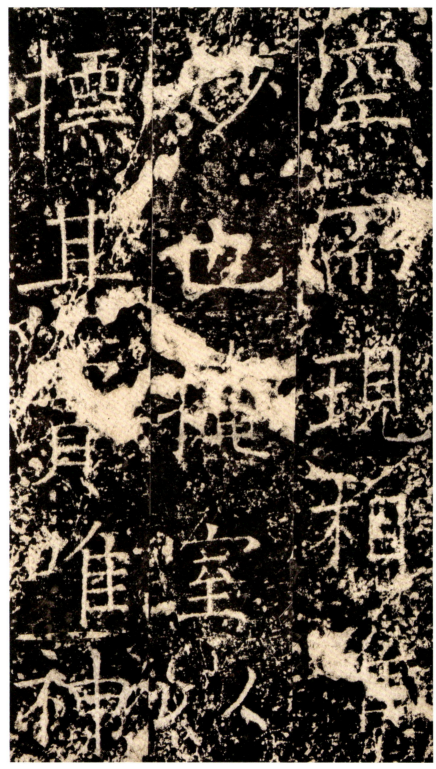

局部

局部

局部

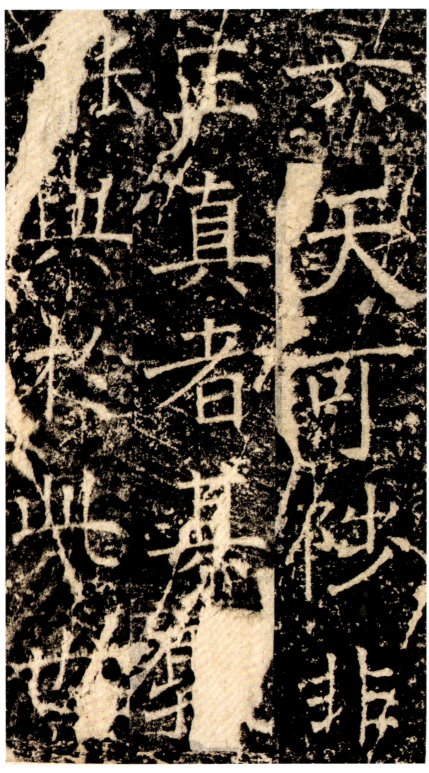

局部

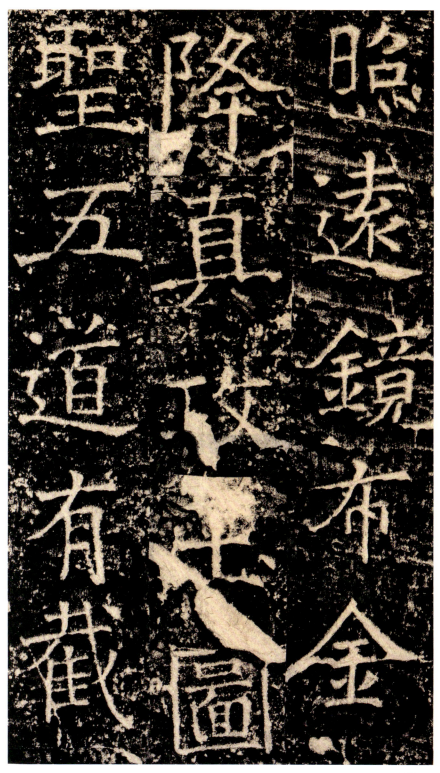

局部

民国 拓《唐清河长公主碑》拓本册页

长28.5厘米　宽18厘米
1953年安康当地士绅捐赠

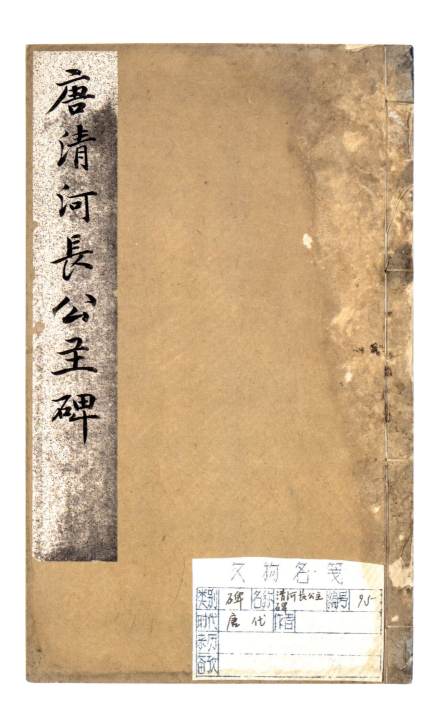

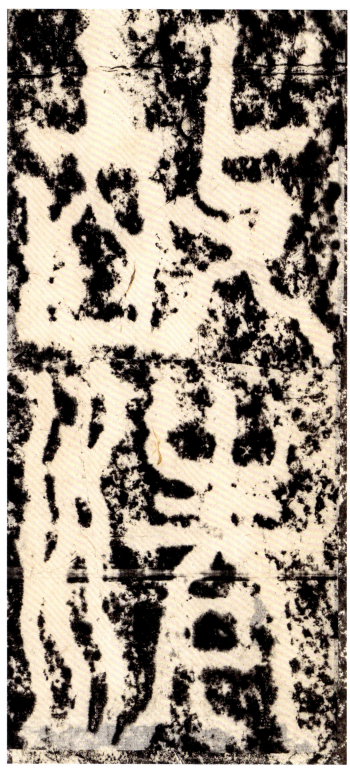

局部

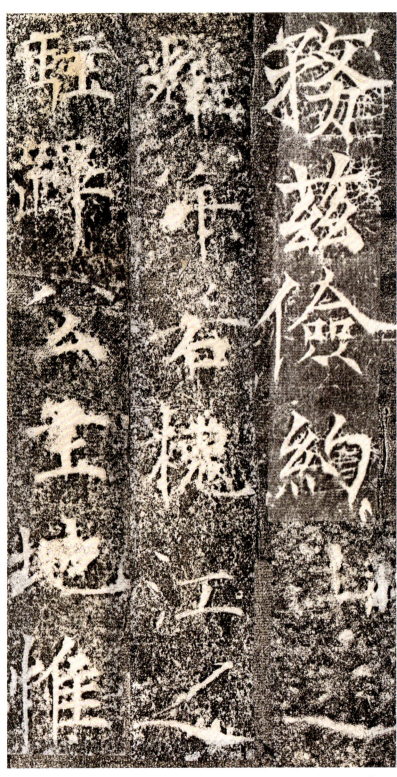

局部

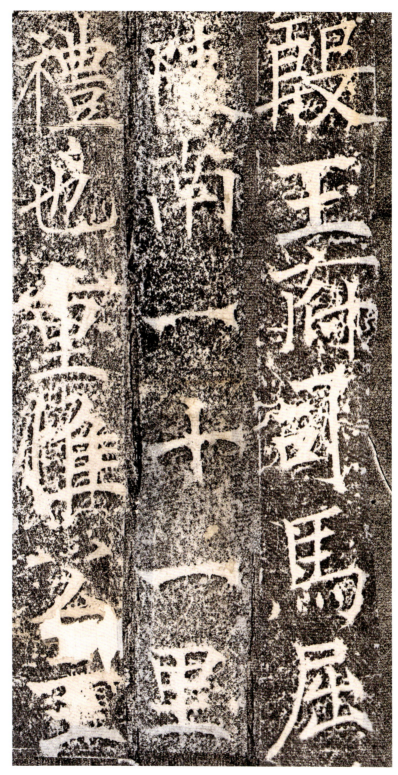

局部

清 拓《唐英贞武公碑》拓本册页

长28.5厘米　宽18厘米
1953年安康当地士绅捐赠

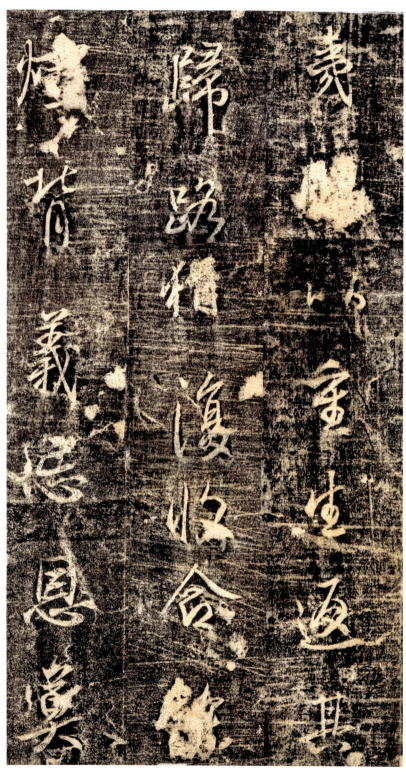

局部

清 拓《唐特进芮定公碑》拓本册页

长28.5厘米 宽18厘米
1953年安康当地士绅捐赠

局部

民国 拓《旧拓唐诸亮、段志元碑合本》拓本册页

长28.7厘米　宽18厘米
1953年安康当地士绅捐赠

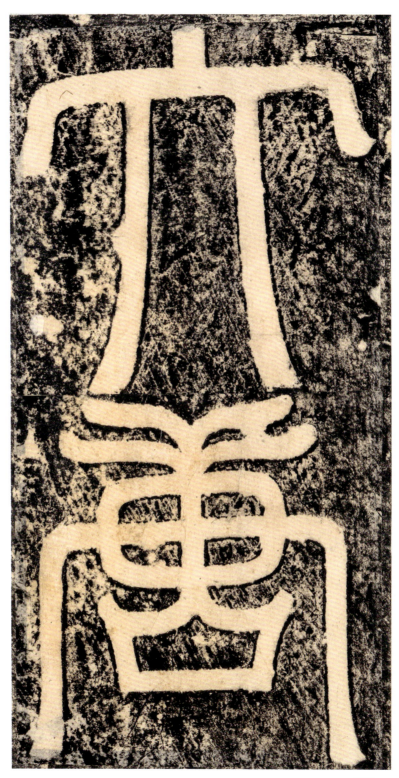

局部

局部

局部

民国 拓《唐李晟神道碑》拓本册页

长35厘米　宽20厘米

1953年安康当地士绅捐赠

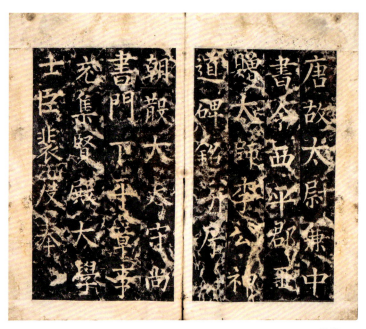

局部

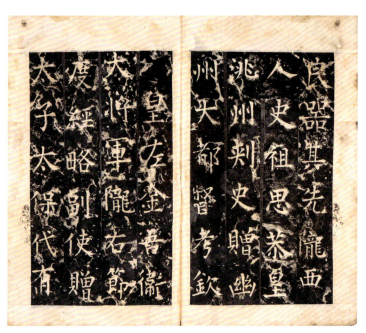

局部

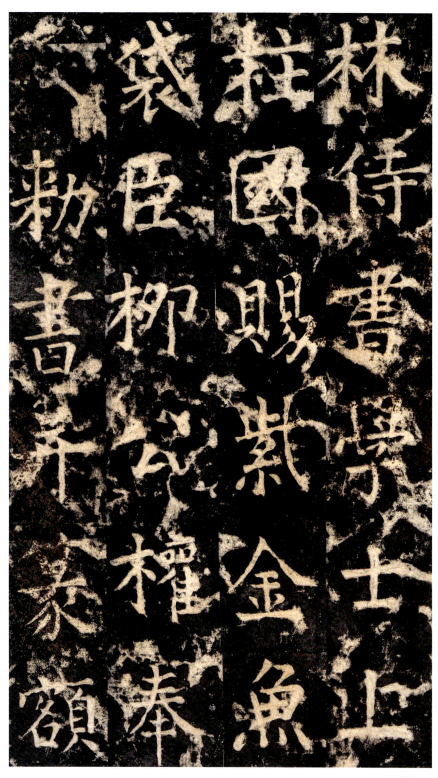

局部

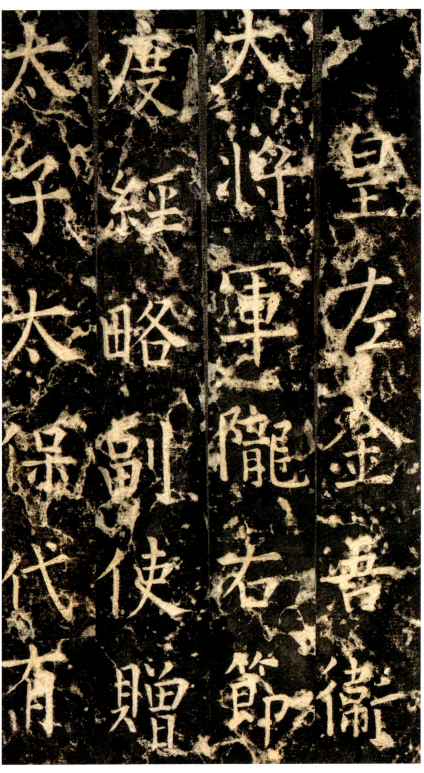

局部

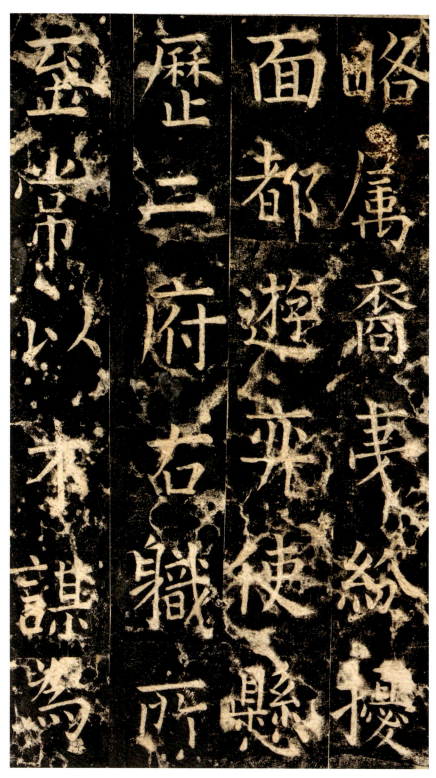

局部

清 拓《大唐中兴颂碑》拓本册页（二卷本）

长31厘米　宽20.5厘米
1953年安康当地士绅捐赠

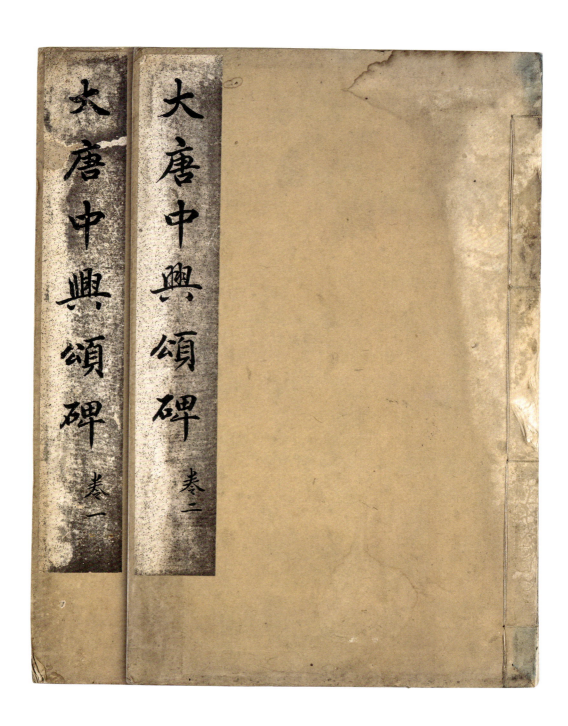

局部

局部

局部

局部

局部

清 拓《旧拓原本温彦博碑》拓本册页

长28.5厘米　宽18厘米
1953年安康当地士绅捐赠

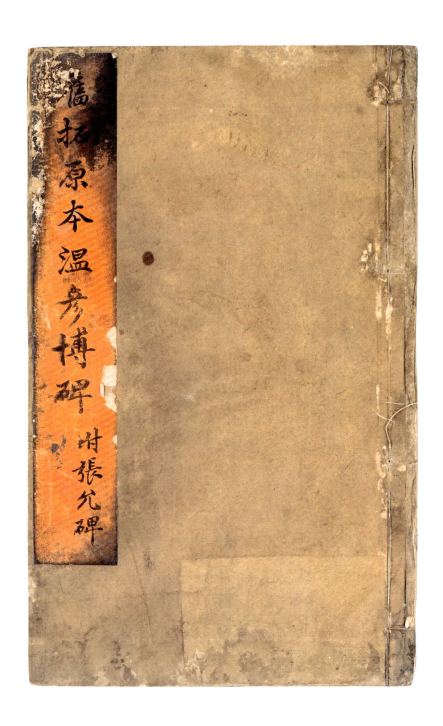

局部

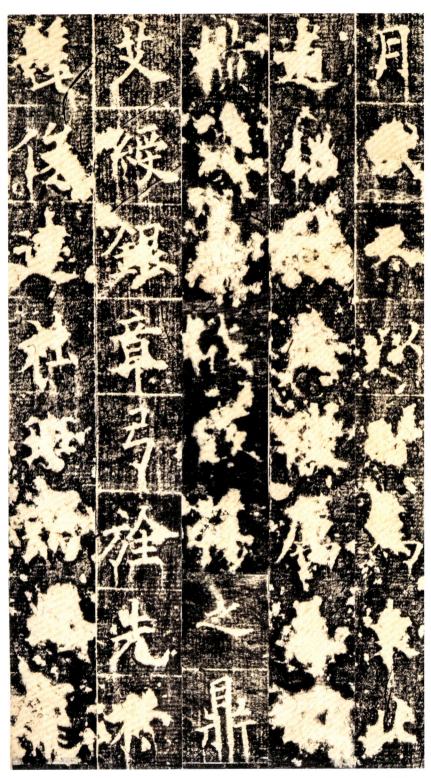

局部

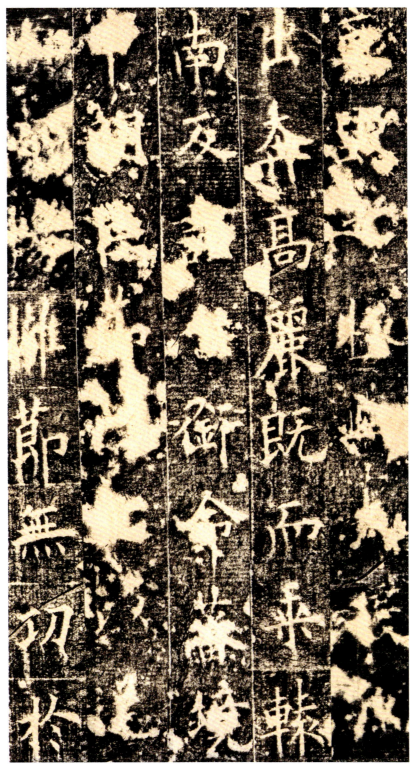

局部

清 拓《旧拓纪国陆妃碑》拓本册页

长28.5厘米　宽18厘米

1953年安康当地士绅捐赠

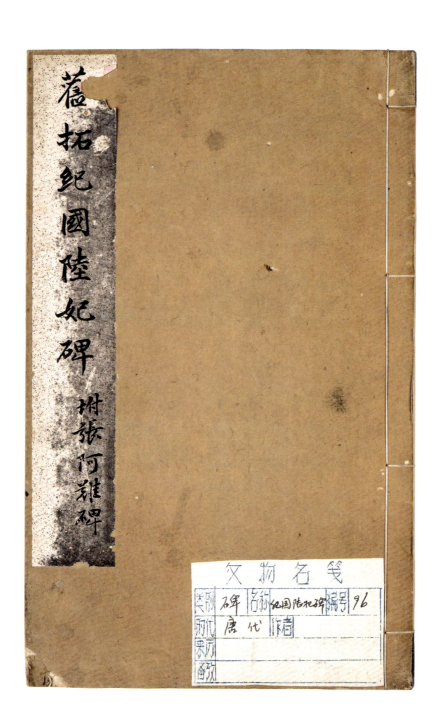

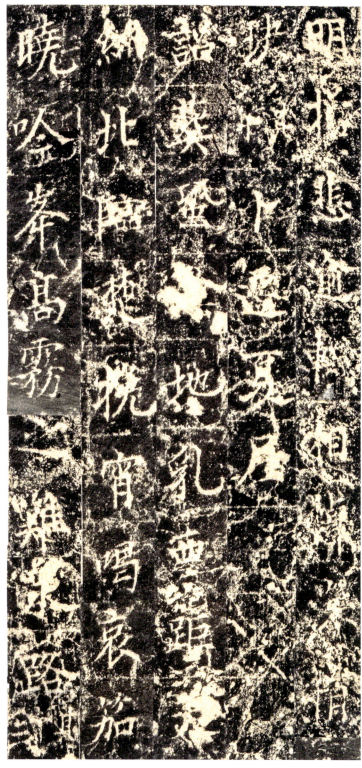

局部

清 拓《高王经一卷》等拓本合集册页

长28.5厘米　宽18厘米
1953年安康当地士绅捐赠

局部

局部

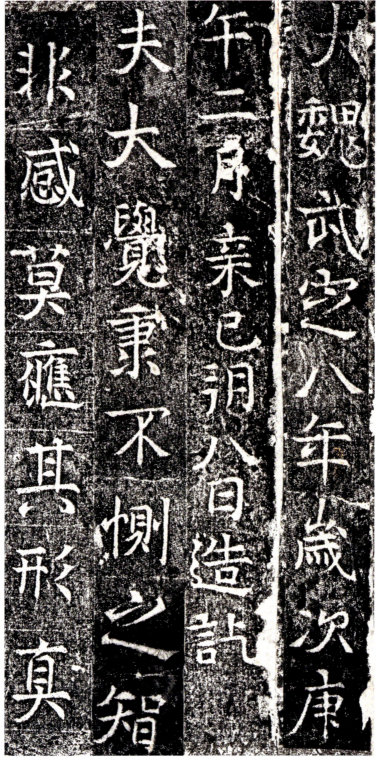

局部

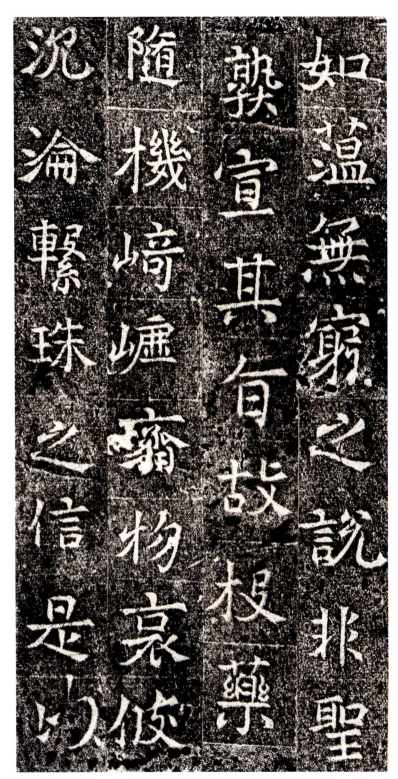

局部

局部

局部

清 拓《旧拓卫景武公碑》拓本册页

长28.5厘米　宽18厘米
1953年安康当地士绅捐赠

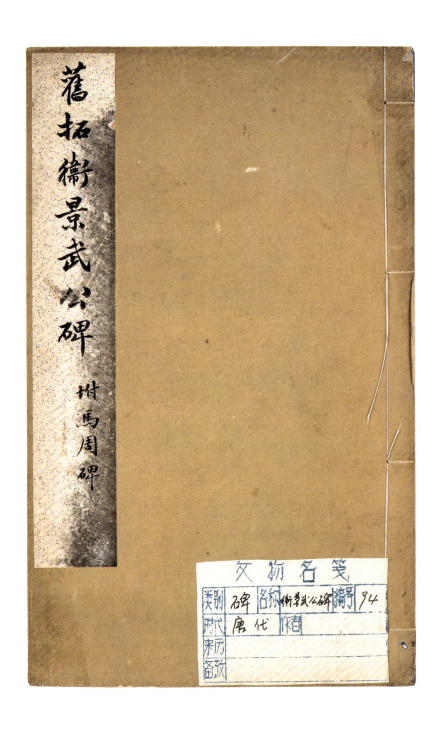

局部

局部

局部

民国 拓《旧拓阿史那史碑》拓本册页

长28.7厘米　宽18厘米
1953年安康当地士绅捐赠

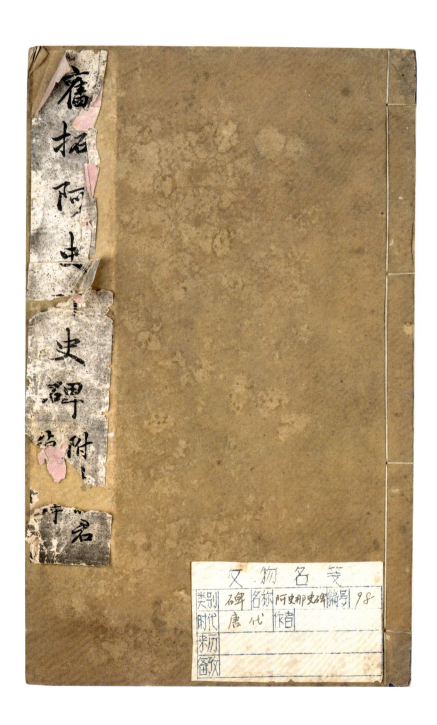

局部

清 拓《旧拓岵台铭》拓本册页

长28.6厘米　宽18厘米
1953年安康当地士绅捐赠

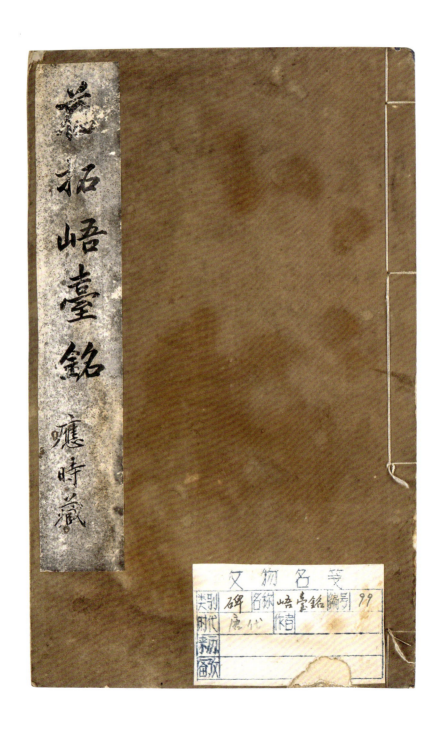

局部

局部

局部

民国 拓《旧拓原版汝帖》拓本册页（四卷本）

长34厘米　宽21厘米
1953年安康当地士绅捐赠

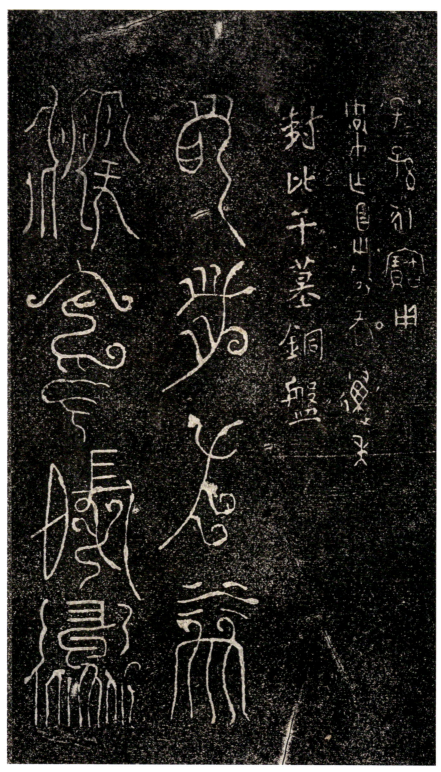

局部

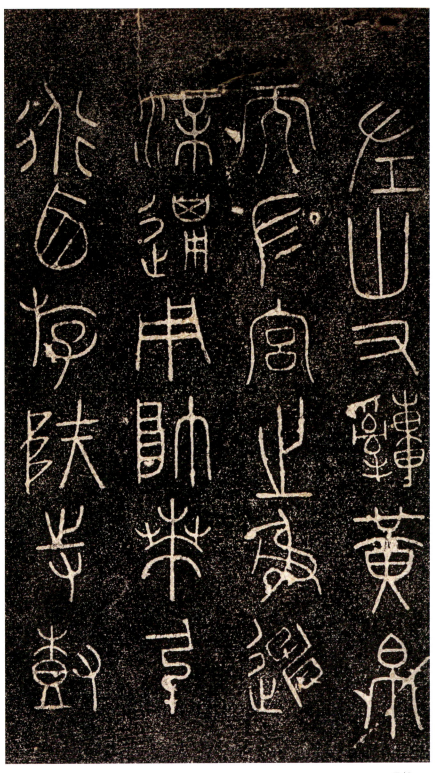

局部

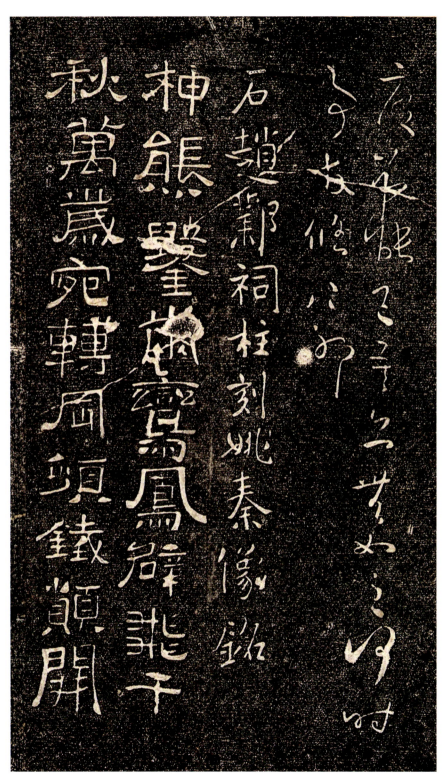

局部

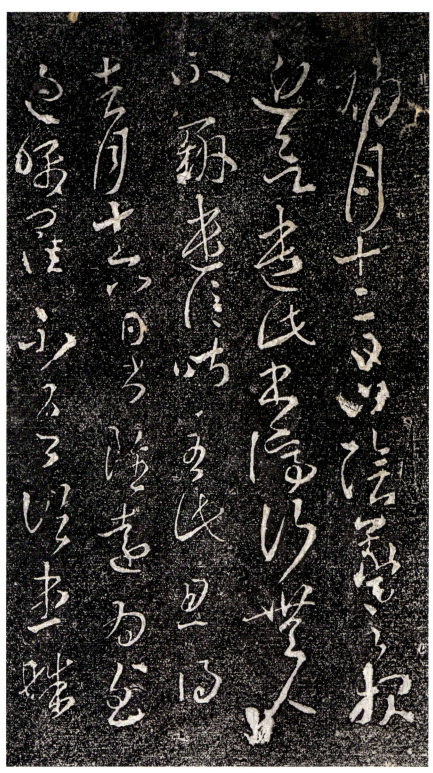

局部

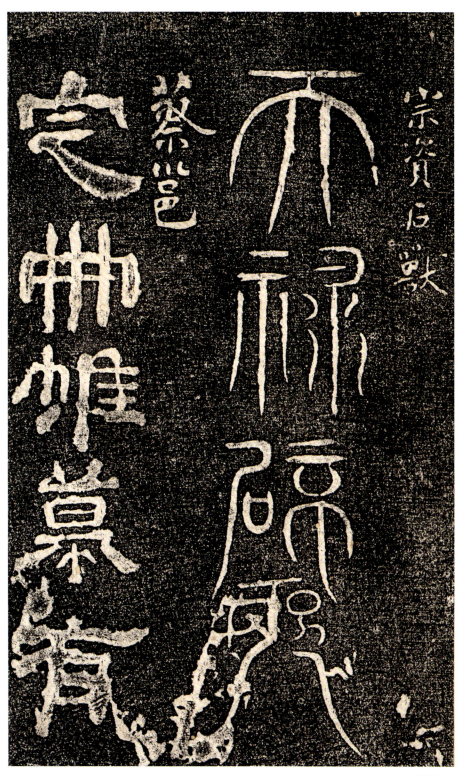

局部

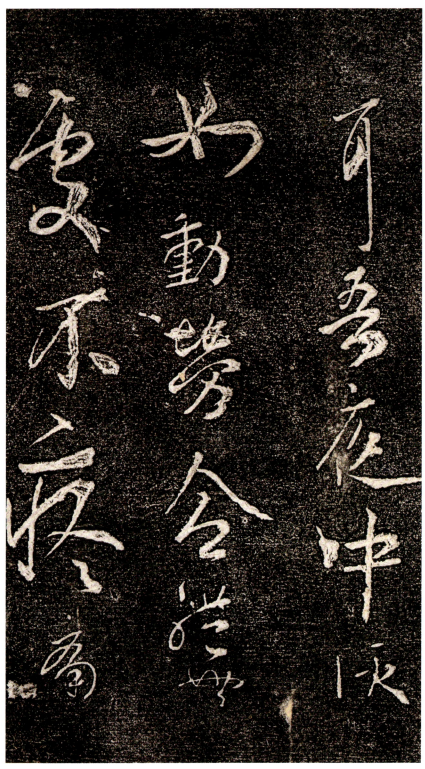

局部

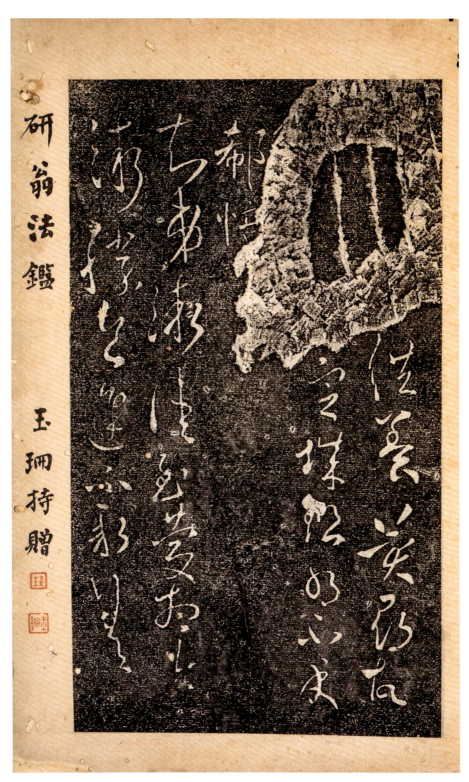

局部

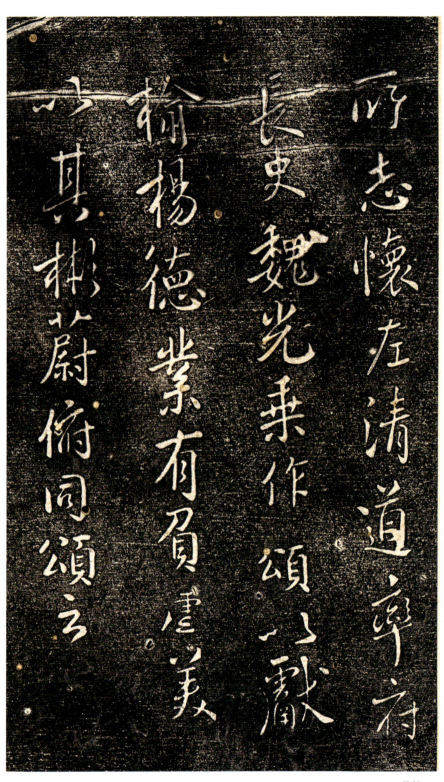

局部

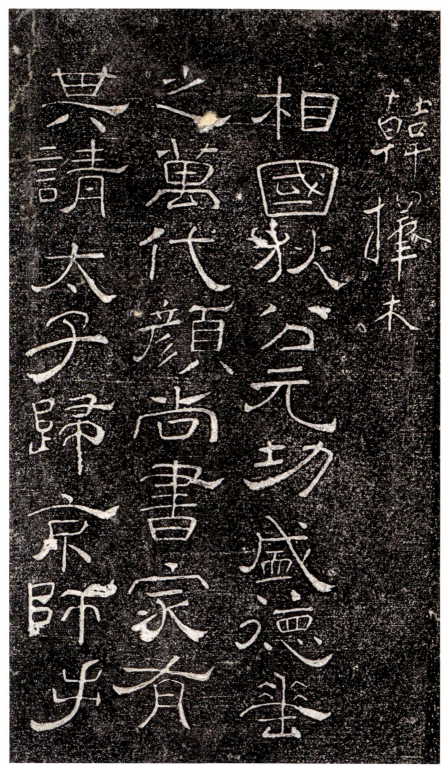

局部

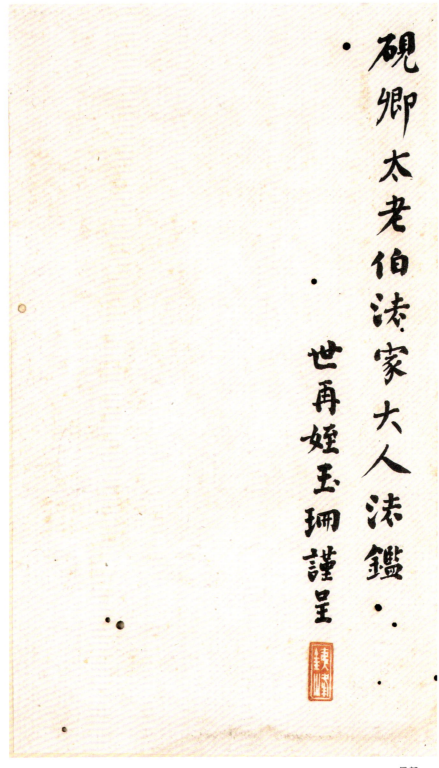

局部

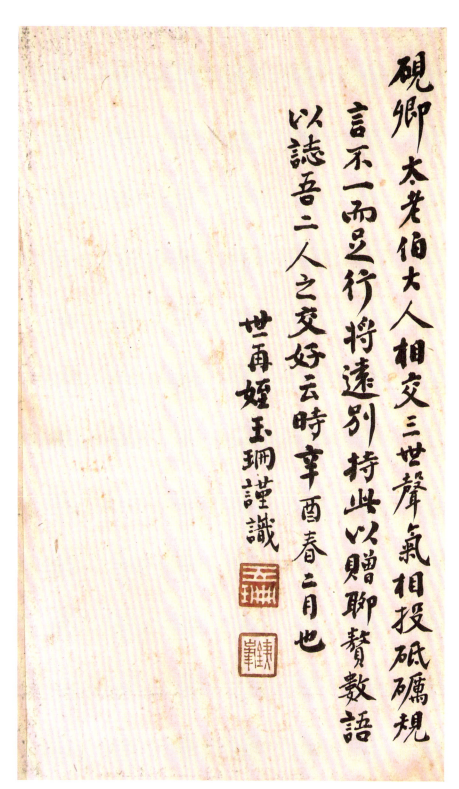

硯卿太老伯大人相交三世聲氣相投砥礪規言不一而足行將遠別持此以贈聊贅數語以誌吾二人之交好云時辛酉春二月也

世再姪玉珊謹識

局部